EMILE BESSIRE

EN BRETAGNE

De Berne à Belle-Isle

— I —

GENÈVE — PARIS

CH. EGGIMANN & Cᵢₑ — LIBRAIRIE FISCHBACHER

25, Rue do Rhône, 25 — 33, Rue de Seine, 33

1894

A LA MÊME LIBRAIRIE

CHAUX-DE-FONDS, IMP. DU NATIONAL SUISSE.

ÉMILE BESSIRE

EN BRETAGNE

DE BERNE A BELLE-ISLE

GENÈVE	PARIS
CH. EGGIMANN & Cie	LIBRAIRIE FISCHBACHER
25, Rue du Rhône, 25	33, Rue de Seine, 33

1894

A Madame Marie Grey

EN BRETAGNE

DE BERNE A BELLE-ISLE

I.
Entre Paris et St-Malo.

31 juillet 1892.

Il n'est certes pas de moment plus agréable dans la vie que celui où, libre de tout souci, dégagé des mille préoccupations de l'existence quotidienne, on se présente au guichet d'une gare pour acheter le droit de faire un ou deux mille kilomètres sur la banquette rembourrée d'un wagon de deuxième classe. D'aucuns ont médit des chemins de fer; moi, je les adore et j'en aime jusqu'à l'odeur des locomotives! Oh! la délicieuse sensation de s'en aller vers l'inconnu. Si j'avais à faire mon paradis, j'y placerais à coup sûr une voie ferrée, sur laquelle il n'y aurait que des rapides, partant toujours pour des pays nouveaux; et, de cette façon, il me semble que l'éternité n'aurait plus rien d'effrayant, surtout avec d'aimables compagnons de voyage.

Cette année, une occasion superbe s'est offerte pour moi de réaliser enfin un rêve depuis longtemps caressé. Je vais en Bretagne. Quand, pour la première fois, j'eus dévoré *Mon frère Yves*, je fus tout un hiver tourmenté de l'idée d'aller retrouver là-bas quelques-unes des impressions que Pierre Loti, ce grand charmeur, m'avait fait éprouver. Voir le Creizker, Paimpol, Goulven, les bruyères roses, les genêts d'or, les chaumières moussues, les chemins creux sous le couvert des chênes, puis la mer, cette mer de Bretagne toute parsemée d'îles et de récifs, où les monstrueuses vagues de l'océan viennent se briser, Brest et ses matelots, le Morbihan, ses menhirs et ses mausolées, les vieilles cathédrales, les pèlerinages, les pardons, les Bretons et les binious, tout ce pays merveilleux où l'on croit encore aux miracles, aux sorciers, au mauvais œil, cette terre de Bretagne si riche en souvenirs de toutes sortes, et qui dort maintenant dans la paix profonde que lui a donnée le siècle de la vapeur et de l'électricité !....

En vérité, elle est bien lente, cette locomotive qui, en quelques heures, n'a pu que m'amener de Berne à Paris.

Paris ! Paris !.... Qu'est-ce que cela me fait ? Paris ne me dit plus rien, depuis que j'ai Bre-

tagne en tête; Paris m'ennuie, m'agace; Paris
ne vaut pas une messe que j'entendrai en
Goulven, un clair de lune dans les alignements de Carnac, un air de biniou, une pru-
nelle cueillie au bord du chemin. Paris m'est
indifférent, je le brûle. Et me voilà filant
à toute vapeur vers St-Malo. Plus le but
est proche, plus augmente mon impatience.
Blotti dans le coin du coupé, je songe à ce
qui va m'advenir. Serai-je désillusionné?
Cette idée que je cours peut-être au devant
d'un mensonge me trouble un instant et me
serre le cœur. Le mot de Renan : Qui sait si la
vérité n'est pas triste? me poursuit et m'obsède.
Eh bien, qu'importe! Je veux savoir, je saurai,
et si je perds une illusion, tant pis pour moi,
et pour qui me l'aura donnée. D'ailleurs, une
illusion perdue... Cela se remplace toujours.

Voyons un peu les compagnons de voyage
que le hasard a jetés dans mon wagon, pour
cette éternité de huit heures au bout de laquelle doit se trouver St-Malo. La plus belle
moitié du genre humain y est représentée par
une jeune dame très élégante, une bonne et
une petite fille. La jeune dame grignote une
croûte de pâté, la petite fille boit du vin rouge
qu'elle déclare détestable, et la bonne tient le
panier aux provisions.

— Il est mauvais, ma chérie?

— Détestable! répète la petite en vidant
son verre.

— N'en bois pas trop, ma cocotte. J'en prendrai une autre bouteille au prochain buffet.

A côté de moi, un ecclésiastique offre du tabac et des renseignements à toute la société. Il est grand, fort, avec un léger embonpoint. On peut le ranger hardiment dans la catégorie des bons vivants. Il est loquace et jovial. Les poches de sa soutane sont bourrées d'indicateurs, de guides et de cartes, qu'il consulte à tous propos. Il apprend à la jeune dame qu'elle doit changer de train à Folligny et qu'elle arrivera à Granville à 4 heures 38, s'il n'y a pas de retard.

— Oh! pardon, madame, je vous donne une mauvaise indication. Vous devez, arriver.... Granville, disons-nous, Gran.... Gran.... Granville.... nous y voilà... vous y arrivez.... Eh bien! j'avais raison quand même.... 4 heures 38, c'est bien cela.

La jeune dame remercie, et le complaisant curé, se tournant vers moi, me dit que notre wagon va directement à St-Malo. J'en suis ravi.

St-Malo ! St-Malo !....

31 juillet.

La portière s'ouvre et un ouragan traverse le coupé. Permettez-moi de vous présenter l'ouragan. Il a les yeux bleus, les dents blanches, les épaules larges, les poings toujours en bataille, les mollets que devait avoir Hercule Farnèse, à quatorze ans, et répond au nom de Bully. C'est un jeune Ecossais qui déserte les Highlands pour venir, en knicker-bokers, vérifier si les Bretons sont ses cousins germains.

En un clin d'œil et sans que j'aie eu le temps de me reconnaître, mes bagages sont jetés sur le quai, où j'arrive moi-même derrière l'ouragan, qui bouscule le curé.

— Hip! hip! hip! hurrah! en route pour St-Malo.

St-Malo est sur un îlot relié à la terre ferme par une chaussée qu'on appelle le Sillon, sans doute à cause de son étroitesse. « Cette ville, dit Joanne, étrange par sa situation et célèbre dans les fastes maritimes de la France, a gardé son vieux château fort et sa physionomie des jours de gloire. » Oui, c'est cela: St-Malo est une ville un peu farouche. Avec son enceinte de remparts que dépassent la flèche de l'église et les constructions massives où les anciens armateurs abritaient leurs richesses, avec son château flanqué de grosses tours, St-Malo évoque l'idée d'un nid de corsaires. Nous atteignons les remparts et nous pénétrons en ville par la porte St-Vincent.

Je descends à l'Hôtel de France, et à peine ai-je secoué la poussière du voyage que je vais faire ma première visite à la mer. C'est à deux pas de l'hôtel. Je traverse la place Châteaubriand. Une foule compacte se presse autour du kiosque, où la musique d'un régiment de ligne joue des airs de *Miss Helyett*, et j'arrive sur la plage. Jamais je n'oublierai l'émotion que j'ai ressentie à fouler pour la première fois ce sable fin, à respirer cet air chargé d'émanations marines, à entendre le doux clapotis des vagues qui viennent mourir à nos pieds ! A gauche, le rocher du Grand-Bé, battu de tous côtés par les flots, profile sa croupe noirâtre sur le ciel ; à droite, la grève s'étend jusqu'à Paramé et, plus loin encore, jusqu'à Rochebonne, dont les rochers éclairés par le soleil couchant ont l'air d'être coulés en bronze ; derrière nous, les remparts et le château fort avec la vieille tour crénelée et, devant, la mer d'un bleu intense, à peine plissée par la brise et qui se retire avec un caressant murmure. Elle a quelque chose de mystérieux ; on sent très bien qu'elle a sa vie à elle, qu'elle obéit à une force invisible, mais toujours présente. Elle bat en retraite ; la vague, que le reflux emporte, quitte le sable avec le froufrou d'une étoffe de soie.

Elle oublie sur la plage humide de mignons coquillages roses, nacrés, jaune d'or, vert tendre et puis de jolis petits crabes, couleur de sable, qui sautent de ci, de là, dans un grand effarement. Voici une méduse échouée ; elle n'a plus rien de vermeil, la pauvrette, et n'offre à l'œil qu'une masse molle et grisâtre. Ce n'est plus la fleur dont parlent les poètes.

Nous longeons la mer de si près que, parfois, dans un réveil des flots, nous nous trouvons subitement dans l'eau jusqu'aux chevilles; Bully s'arrange de manière à en avoir jusqu'aux genoux Il trouve cela très amusant et lorsque le jusant l'éclabousse plus que de coutume, il se fâche et lui montre le poing. Nous passons devant le Casino, dont la terrasse est ornée d'une belle statue de Châteaubriand en bronze, par Millet.

Ici la plage a une largeur de deux à trois cents mètres, et voici l'estacade où, tout petit, l'auteur d'Atala venait jouer. Au retour, quel merveilleux spectacle ! Le soleil disparaît à l'horizon. Au couchant, le ciel est d'une coloration qui défie la palette du peintre le plus habile. C'est d'abord une bande mauve rosé, plus intense à sa partie supérieure, puis une bande rouge, puis une autre plus claire, dont la nuance se dégrade insensiblement jusqu'à l'orangé, puis c'est de l'or, de l'or en fusion et enfin le ciel bleu qui va s'assombrissant de plus en plus jusqu'au zénith. La mer est bleue, d'un bleu très pâle, électrique.... Peu à peu, ces teintes se modifient, se fondent, le rouge du ciel se dissout, s'évanouit, le mauve devient lilas et l'or se change en vermeil. Bientôt, il ne reste plus que ces deux teintes et, au fur et à mesure que le ciel se décolore, le bleu de la mer est plus profond. A ce moment, le sable humide s'illumine tout à coup, et il y a plus de clarté en bas qu'en haut. La mer s'assombrit encore ; cependant, on dirait que la lumière en sort et sautille à la surface. La plage a des taches d'un beau vert bronzé. Enfin, il ne reste plus à l'horizon qu'une bande gris lilas qui disparaît à son tour. La mer se confond alors avec le ciel.

La nuit est tout à fait venue, le rivage est désert et le silence n'est plus troublé que par le chuchotement des vagues ou le son lointain d'une cloche, sonnant les heures. Je retrouve soudain une sensation souvent éprouvée en rêve, avec une telle intensité, que je me demande si je n'ai pas déjà vu tout cela.

Plus d'une fois, pendant le sommeil, j'ai eu ainsi la claire vision de réalités qui ne devaient s'accomplir que plus tard.

1er août.

Le château fort, transformé en caserne, est une construction carrée, flanquée de quatre tours. Deux de celles-ci, particulièrement intéressantes, se trouvent à l'entrée, du côté de la ville, et sont l'œuvre de la reine Anne, à la fin du XVe siècle. Une maîtresse femme, cette reine Anne, une vraie Bretonne, patiente quand son intérêt l'exigeait, impérieuse et obstinée quand il s'agissait de reprendre des droits que la force lui avait enlevés. Fiancée d'abord à l'archiduc Maximilien, puis mariée par procuration à ce prince, elle fut assiégée dans Rennes par Charles VIII et réduite à capituler. Le vainqueur sut habilement profiter de sa victoire en épousant de fait l'héritière d'un duché, objet des convoitises de tout le monde. La Bretagne était réunie à la France. Subissant le sort des armes, Anne en avait fait cession en bonne et due forme à son seigneur et maître; mais, au fond du cœur, l'altière fille de François II gardait le secret espoir de recouvrer un jour et de conserver ce beau pays qu'elle aimait avec passion. Charles VIII, qui avait de l'esprit à ses heures, eut celui de permettre à sa femme de réaliser ses espérances, en la rendant veuve au bout de sept ans de mariage. Anne pleura consciencieusement le royal défunt; mais, une fois libre, elle accourut en Bretagne et reprit le titre de duchesse, publiant des édits, frappant monnaie, faisant acte de souveraineté, exigeant même la reddition des villes et des places fortes occupées par les troupes françaises C'est pendant son séjour en pays breton que, jugeant le château de St-Malo hors d'état de résister à une attaque vigoureuse, elle fit construire les deux tours en question, malgré la résistance de l'évêque Guillaume Briçonnet, avec qui elle avait eu maille à partir. Et, pour bien marquer qu'elle entendait dorénavant être maîtresse chez elle, la belle duchesse fit graver en bosse, sur le granit de la tour qui est près de la porte St-

Thomas, ces mots caractéristiques : *Qui qu'en grogne, ainsi sera, c'est mon bon plaisir.* Elle avait fait à bonne école son apprentissage de souveraine. Guillaume Briçonnet se le tint pour dit et ne grogna plus qu'en sourdine. Quant à la tour, elle garde encore aujourd'hui son nom de Quiquengrogne, dont les Malouins sont, du reste, très fiers.

Après cette visite obligatoire au château, nous parcourons la ville. Les rues sont en pente et assez étroites, bordées de maisons d'aspect sombre et maussade. Nous passons devant celle qui appartenait à la famille de Lamennais ; elle est en pierres noires et n'offre rien de remarquable. Un peu plus loin, à l'angle de la rue de Jean-de-Châtillon, une autre maison nous arrête un instant. C'est là que naquit, le 10 juin 1673, Duguay-Trouin, le célèbre corsaire dont les exploits jetèrent tant d'éclat sur la marine française, au commencement du dix-huitième siècle. Duguay-Trouin et Lamennais ! Quelle étrange association d'idées ces deux noms n'évoquent-ils pas ? Et pourtant, si l'on y réfléchit, St-Malo a laissé son empreinte sur ces deux âmes si différentes en apparence. Tout jeune, Lamennais avait été destiné à l'état de marin : il fut prêtre. Duguay-Trouin devait embrasser la carrière ecclésiastique : il fut marin. Prêtre et marin bataillèrent toute leur vie, obéissant à la mystérieuse loi de l'hérédité. A côté de ces deux noms, la fière cité en a inscrit bien d'autres dans le livre d'or de ses annales, et nous les retrouvons successivement au cours de notre pérégrination.

Robert Surcouf, le héros légendaire, Cartier, qui découvrit le Canada et que Châteaubriand appelle le Christophe Colomb de la France, La Mettrie, Maupertuis, Broussais, l'abbé Trublet, dont Voltaire s'est moqué, et Châteaubriand sont Malouins de pure et bonne race. Tous, sauf La Mettrie, ont leur portrait dans la galerie de l'Hôtel-de-Ville, et Duguay-Trouin a une statue en marbre sur la place qui porte son nom.

Une des originalités de St-Malo, c'est qu'on y rencontre çà et là des maisons du seizième siècle ayant des façades en bois sculpté. Chaque étage, pour ainsi dire encadré à part, contient une série de baies contiguës dont les très nombreuses et très petites vitres sont enchassées dans le plomb. Du reste, pas de grands magasins « à l'instar de Paris », pas de cafés luxueux ; une petite ville d'autrefois, ayant gardé sa rude physionomie et point banale.

Même date.

Sur la plage. Quatre heures de l'après-midi. L'animation est extraordinaire. Une foule de baigneurs et de baigneuses, dans les costumes les plus bariolés, courent sur le sable, nagent, pataugent ou font des rondes dans la mer.

Une jeune fille, dix-sept ans à peine, très jolie et très anémique, en élégant costume bleu pâle, se débat aux mains de deux robustes baigneurs qui veulent la forcer à entrer dans l'eau. Elle y est jusqu'aux genoux et ne veut pas aller plus loin, en dépit des objurgations de son frère, un grand diable à peau basanée, qui, pour lui prouver que l'eau n'est pas froide, lui en jette un peu sur les épaules. Chaque fois qu'une goutte l'atteint, la frileuse pousse des cris aigus. De la plage, une grosse maman agite son ombrelle et répète sans cesse: Mais va donc! mais va donc! en excitant les baigneurs à l'entraîner. Pour lui donner un peu de courage, le grand frère plonge, se met à quatre pattes et nage à la façon des caniches....

— Vois-tu, fais comme moi.... Quand je te dis qu'elle est bouillante!

Peine inutile. Les baigneurs tirent en avant, la demoiselle en arrière, effarée, éperdue, criant au secours:

— J'ai peur!... j'ai peur!... Ne me touchez pas!... Je vous défends de me toucher.

Agacés, les baigneurs perdent patience, lâchent leur proie, tandis que la grosse maman, furieuse, tourne le dos, et s'en va aussi, disant qu'elle ne reviendra plus à St-Malo donner le spectacle d'une pécore qui ne veut pas même se mouiller les genoux. Très penaude, toute rose de honte, la pécore se sauve

dans sa cabine sous les rires et les exclamations irrespectueuses des badauds accourus.

Il y a ici beaucoup de Parisiens, jolis garçons de vingt à vingt-cinq ans, fringants, dé-
sinvoltes, la joue pâle, la moustache fine, généralement vêtus d'un pantalon de molleton
blanc très large, serré à la taille par une
ceinture de soie mauve, d'une chemise de
flanelle de couleur tendre, d'un veston léger
et d'un petit chapeau à bords retroussés. On
les voit se promener par petits groupes sur
la plage, lorgner les baigneuses en serge bleue
et échanger leurs réflexions.

— Dites donc, du Bouquet, voyez-vous la
petite, là-bas?.... Là!.... Elle est bien drôle....

— Hum! pas tant que ça! Elle a un *gnon.*

Rarement ils se baignent; mais quand ils
s'y décident, c'est la chose la plus bouffonne
du monde. Ils prennent leur élan comme
s'ils ne voulaient s'arrêter que de l'autre côté
de l'Atlantique; puis, quand ils ont de l'eau à
mi-jambes, ils s'arrêtent tout à coup, s'é-
brouent, regardent les vagues d'un air mé-
fiant et regagnent le sable au plus vite. C'est
ce qu'ils appellent « prendre des bains de
mer », et encore sont-ce les plus intrépides,
car la plupart d'entre eux se contentent de
regarder l'Océan par-dessus le *Gil Blas.* Pas
un seul qui sache nager. Je crois qu'ils se
destinent à la diplomatie; en tout cas, ils ressemblent à ces petits attachés qu'on voit

papillonner autour des ambassadeurs, dans les résidences.

Ils entreront dans la carrière
Quand leurs aînés n'en pourront plus.

En attendant, ils vont au café. L'amer Picon a pour eux plus de charmes que la Manche. Le Français moderne, sobre par tradition, ne boit plus que de l'alcool; mais il en boit beaucoup. Il faut voir avec quelle délectation ces futurs ministres se préparent un estomac diplomatique.

2 août.

Cet après-midi, je vais rendre mes devoirs à l'ombre de Châteaubriand. Elle habite un rocher sauvage, le Grand-Bé, à vingt minutes environ de la porte St-Pierre. Profitant de la marée basse, nous y allons à pied par la grève Bon-Secours. Tandis que la plage de St-Malo est réservée aux touristes baigneurs, celle-ci paraît être le rendez-vous favori des Malouins et des Malouines de tout âge. On s'y baigne en famille, à la bonne franquette, et les amateurs de couleur locale trouvent ici de quoi réjouir leurs yeux. De cette grève il faut, pour arriver au Grand-Bé, suivre une digue entièrement recouverte à marée haute. Nous nous y engageons et nous abordons l'îlot, qui, de ce côté, offre une pente assez raide. Des marches, taillées dans le roc, facilitent une escalade de quelques minutes, après laquelle nous foulons le gazon parfumé du sommet, et, obliquant un peu à droite, nous atteignons l'extrémité occidentale du Grand-Bé, à l'endroit où le rocher tombe à pic dans la mer. C'est là que repose l'auteur d'Atala.

Le monument, d'une extrême simplicité, se compose d'une large dalle surmontée d'une croix de granit et entourée d'une grille en fer. Pas la moindre inscription, pas même un nom.... du granit taillé et du fer forgé, voilà tout. Mais cette simplicité est d'une grandeur qui impose. Ce rocher, superbe dans sa poétique solitude, avec le bruit des vagues déferlant sans cesse contre ses flancs abrupts, est en réalité le tombeau le plus magnifique et le plus grandiose qu'on puisse rêver. Aucune description n'en saurait rendre la sereine majesté. D'un côté, l'Océan, et de l'autre la ville de St-Malo, enfermée dans ses remparts, comme un factionnaire dans sa guérite, et qui semble n'être là que pour garder cette tombe si orgueilleusement humble.

Cette idée de faire du Grand-Bé son tombeau a germé de très bonne heure dans l'esprit de Chateaubriand.

Les habitants de St-Malo s'étaient adressés à lui au sujet d'un bassin à flot qu'ils désiraient établir. Il s'empressa de répondre, sollicitant, en échange de bienveillance, comme il le dit lui-même dans la préface des

Mémoires d'Outre-Tombe, une concession de quelques pieds de terre pour son tombeau. Il écrivait en 1828 au maire Hovius une lettre dont voici le passage principal : « Il y a long-temps que j'ai le projet de demander à ma ville natale de me concéder, à la pointe occidentale du Grand-Bé, la plus avancée vers la pleine mer, un petit coin de terre, tout juste suffisant pour contenir mon cercueil. Je le ferai bénir et entourer d'une grille de fer. Là, quand il plaira à Dieu, je reposerai sous la protection de mes concitoyens. »

Le vœu de Châteaubriand ne fut pas exaucé du premier coup. Le génie militaire fit des difficultés, estimant que le Grand-Bé pouvait être nécessaire à la défense des côtes. Enfin, trois ans plus tard, le maire put écrire à l'auteur de *René* : « Le lieu de repos que vous désirez au bord de la mer, à quelques pas de votre berceau, sera préparé par la piété filiale des Malouins. Une pensée triste se mêle pourtant à ce soin. Ah ! puisse le monument rester longtemps vide ! mais l'honneur et la gloire survivent à tout ce qui passe sur la terre. »

En breton, Bé signifie tombeau. Quand le grand écrivain mourut, en 1848, ce fut la République qui se chargea de ses funérailles. Elles furent superbes, et Ampère en rendit compte à l'Académie dans les termes émus que l'on sait.

Aujourd'hui, le Grand-Bé est un lieu de pèlerinage très fréquenté. Tout étranger qui vient à St-Malo, qu'il soit chocolatier ou journaliste, poète ou bonnetier, se croit tenu d'aller « rêver » au pied de ce monument de granit. Quelques-uns même y passent la nuit pour y recueillir des « impressions ». Un journal de Paris que j'achète en rentrant m'en fournit la preuve irrécusable.

« Celui qui écrit ces lignes, raconte le correspondant, voulut passer une nuit sur le rocher du Grand-Bé. Seul, il put contempler, à la lueur des pâles rayons d'une lune bretonne, ce tombeau de l'homme dont le nom fait battre le cœur de tous les Armoricains. Pendant plusieurs heures, il n'entendit que le mugissement du flot en délire, et quand le jour arriva, que la mer commença à se retirer, il ne fut pas fâché de revoir des mortels qui venaient pour le ramener sur la terre ferme. Ce qui prouve que les vivants n'éprouvent guère les mêmes sensations que les morts. »

Pauvre Chateaubriand !

Ce même journal m'apprend qu'en vertu de la loi de 1889, l'administration de la guerre, poursuivant le déclassement des forteresses, va mettre en vente le Grand-Bé. La nouvelle a causé une certaine émotion à St-Malo, et des démarches actives sont faites dans le but d'empêcher cette profanation.

2

La maison où naquit Chateaubriand a été transformée en hôtellerie. Au-dessus de la porte d'entrée, on voit encore les armes de la famille — un écu de gueules semé de lys d'or — avec cette devise: « Mon sang teint les bannières de France. »

Dieu, que le temps est un vieillard cruel et moqueur! Ces armes, conquises à la croisade de St-Louis, servent maintenant de réclame et recommandent aux cockneys de toutes les nations les excellents biftecks de l'hôtel de France. Vanité des vanités, tout est vanité!...

Sur la plage, un monsieur en costume de bain, sec et brun comme une caroube, apostrophe son baigneur:

— Dites donc, vous, qu'est-ce que vous me chantiez? La mer n'est pas chaude?

— Si, monsieur, elle est chaude.

— Mais, saprelotte, moi je viens d'Afrique!

Et le baigneur, flegmatique:

— Eh ben! fallait le dire, parbleu!... on l'aurait fait bouillir.

Quand on interroge un habitant de St-Malo et qu'on lui demande s'il est Français ou Breton, il ne manque jamais de répondre: Je suis Malouin. Soit, mais le Malouin a la vivacité du Français, l'entêtement du Breton et plus encore. Les Normands ont passé par

St-Malo; le Malouin leur a pris quelque chose. Ce n'est pas lui qui vous contera ses affaires, se jettera dans vos bras à la première occasion, et vous appellera son cher ami parce que vous lui aurez donné du feu pour son cigare. Les boutiquiers même savent fort bien allier la sournoiserie de Jacques Bonhomme à la hardiesse d'un Surcouf ou d'un Duguay-Trouin. Le touriste qui pénètre chez l'un d'eux est pris à l'abordage comme au beau temps jadis.

J'avais besoin d'un veston de flanelle. J'en avise un, à l'étalage d'un petit marchand de nouveautés, et comme le prix indiqué — douze francs — me paraissait raisonnable, j'entre sans méfiance. Le descendant de Surcouf qui vend aujourd'hui des gilets de flanelle, prend un air paterne dès qu'il me voit, s'informe de ce que je désire, s'empresse, court des bordées autour de son comptoir, déballe, étale, me fait palper sa marchandise et la vante sur tous les tons. Comme il ne me montre pas ce que je veux, j'oppose à son enthousiasme un flegme que je crois tout britannique, mais qui ne l'est pas sans doute, car les explications continuent de plus belle.

Voyant que son homme faiblit, la femme accourt du fond de la boutique et c'est elle maintenant qui fait l'article avec un diable au corps qui ne me laisse plus d'autre désir que celui de battre promptement en retraite.

— Voyons, qu'est-ce que Monsieur demande? Un veston de flanelle?... En voilà un, et beau comme tout... Allons, essayez-le.

En un clin d'œil et sans savoir comment cela se fait, me voilà dans le veston. Je suis abordé :

— Mais vous êtes beau comme St-Yves, là-dedans... n'est-ce pas, Joseph, que cela lui va comme un gant?

Ce diable d'homme — c'est de la femme que je parle — veut absolument que j'achète ce veston, et comme je lui fais remarquer qu'il est un peu maculé, que c'est du molleton et non de la flanelle, elle s'échauffe, s'emballe, m'en fait essayer un autre encore plus sale et finalement crie à son mari :

— Monsieur les prend tous les deux, fais le paquet.

Et se tournant vers moi :

— Vous faites un bon marché... Je vous les laisse à seize francs pièce.

Je prends mes jambes à mon cou et je me sauve, poursuivi jusque dans la rue par cette endiablée, qui fait mine de me mettre le paquet sous le bras.

Je pars demain et ce n'est pas sans regret que je quitterai St-Malo. Un monsieur, mon voisin de table, a voulu m'emmener au Casino, et comme je refusais, il m'a regardé d'un air fort surpris.

— Vous n'aimez pas le théâtre?

— Je l'adore.

Il m'a pris pour un maniaque. Il a peut-être raison ; mais voilà, j'aime le théâtre à Paris et la mer à St-Malo. Peut-on expliquer cette bizarrerie à un monsieur qui vient de vous dire avec aplomb :

— Chateaubriand... Ah ! oui. Avez-vous lu son *Dictionnaire philosophique ?*... Un succès, monsieur, un vrai succès ?...

Donc, abandonnant *Miss Helyett* aux rires des calicots qui ont lu le Dictionnaire philosophique de Chateaubriand, je vais sur la grève du Bon Secours, déserte à cette heure. Le Grand-Bé dessine dans l'ombre sa masse confuse, au pied de laquelle la mer dépose une couronne blanche, et les vagues chantent autour de cette tombe un air d'une douceur et d'une tristesse infinies.

Assis sur un rocher, je laisse ma pensée errer à l'aventure dans la vie de cet homme qui connut toutes les gloires et qui fut malheureux, parce que son génie était peut-être à ce prix.

II.

Lamballe, 6 août.

Je suis parti de St-Malo il y a deux heures, et comme le train qui va nous emmener à St-Brieux, Morlaix et St-Pol-de-Léon a cinquante minutes de retard, j'en profite pour sortir un peu. Il fait une chaleur étouffante.

De l'autre côté de l'avenue au bord de laquelle
est plantée la gare, j'avise un restaurant
qu'ombragent quelques beaux arbres ; je m'as-
sieds à une petite table ; une grosse fille
m'apporte une bouteille de cidre délicieux,
et, tout en dégustant le nectar de Lamballe,
j'écris mon journal comme un bas-bleu d'ou-
tre-Manche. De St-Malo à la Gouesnière-Can-
cale, rien d'intéressant. Quelques arbres éche-
velés par les grands souffles du large, tous
inclinés vers l'est, agitent leurs rameaux
tordus comme s'ils voulaient prendre le ciel
à témoin de l'injure que leur fait la mer, la
grande houleuse que l'on sent là tout près,
mais qu'on ne voit pas. Près de la Goues-
nière, ils ont des attitudes moins tourmentées
et forment déjà de jolis bocages, qui reposent
l'œil et la pensée. A Dinan, le compartiment
voisin du nôtre est pris d'assaut par des
hussards, qui chantent, rient, s'interpellent,
content des histoires idiotes ponctuées par
le cliquetis des sabres, tandis qu'au milieu
d'eux, dans une béate tranquillité, un bon
vieux curé de campagne lit son bréviaire et
de temps en temps s'éponge le front avec un
grand mouchoir à carreaux bleus et blancs.
En face de moi, un marin breton, le vivant
portrait de « Mon frère Yves », est assis près
de la portière, sa petite valise sous la banquette. Très propre dans son grand col tout
frais, il a une belle tête expressive : des traits

un peu durs et des yeux bleus, très doux. Le
soleil et la mer ont donné à son visage le
ton de la terre cuite. Il s'exprime facilement,
avec une certaine naïveté qui le rend tout de
suite très sympathique. Il a fait sa dernière
campagne au Japon, sur le *Villars*. Il aurait
bien voulu être licencié là-bas, au Tonkin ou
en Cochinchine, son rêve étant de s'y engager comme agent de police. C'est, du reste,
la suprême ambition de beaucoup de marins.
Il a des amis qui, plus favorisés que lui, ont
eu cette chance. Ils gagnent cent cinquante
francs par mois et plus encore. Ah! c'est un
bon métier, dit-il en soupirant.

Nous voici à Dol, où nous changeons de
train. Très complaisant, mon frère Yves se
charge de tous nos bagages et me porterait
encore par-dessus le marché si je le laissais
faire. « Dol-de-Bretagne, assure le guide
Joanne, est une petite ville de 4443 habitants
— il y en a peut-être bien 4444 aujourd'hui
— qui a conservé un certain nombre de maisons du moyen âge, à pignon sur rue, et dont
le premier étage forme, au-dessus du rez-de-
chaussée, une saillie de plus de deux mètres,
soutenue par des colonnes avec chapiteaux
variés, depuis le roman fleuri jusqu'aux
derniers caprices de la Renaissance. » Dieu!
que tout cela doit être beau!

Eh bien!... non, la saillie de deux mètres,
les chapiteaux variés, le roman fleuri et

même les derniers caprices de la Renaissance ne me tentent pas. Ce qui m'intéresserait, Joanne ne l'a pas mis dans son livre bleu. Dol possède un collège où l'on a peutêtre conservé le souvenir d'un petit garçon de dix ans qui dénichait des œufs de pie, malgré la défense du principal, il y a de cela plus d'un siècle. Les habitants de Dol savent-ils aujourd'hui que l'auteur du *Génie du christianisme* faillit recevoir le fouet de la main d'un abbé ?

« Un autre but de nos promenades, écrit Chateaubriand dans ses *Mémoires d'Outre-Tombe*, étaient les prés qui environnaient un séminaire d'*Eudistes*, d'Eudes, frère de l'historien Mézerai, fondateur de leur congrégation.

Un jour du mois de mai, l'abbé Egault, préfet de semaine, nous avait conduits au séminaire : on nous laissait une grande liberté de jeux, mais il était expressément défendu de monter sur les arbres. Le régent si près, l'arbre si haut ! Toutes les espérances se tournent vers moi ; je grimpais comme un chat. J'hésite, puis la gloire l'emporte, je me dépouille de mon habit, j'embrasse l'orme et je commence à monter. Le tronc était sans branches, excepté aux deux tiers de sa crue, où se formait une fourche dont une des pointes portait le nid.

Mes camarades, assemblés sous l'arbre, applaudissaient à mes efforts, me regardant,

regardant l'endroit d'où pouvait venir le préfet, trépignant de joie dans l'espoir des œufs, mourant de peur dans l'attente du châtiment. J'aborde au nid; la pie s'envole, je ravis les œufs, je les mets dans ma chemise et redescends. Malheureusement, je me laisse glisser entre les tiges jumelles, et j'y reste à califourchon. L'arbre étant élagué, je ne pouvais appuyer mes pieds ni à droite ni à gauche pour me soulever et reprendre le limbe extérieur; je demeure suspendu en l'air à cinquante pieds.

Tout à coup un cri: « Voici le préfet! » et je me vois incontinent abandonné de mes amis, comme c'est l'usage. Un seul, appelé le Gobbien, essaya de me porter secours, et fut tôt obligé de renoncer à sa généreuse entreprise. Il n'y avait qu'un moyen de sortir de ma fâcheuse position, c'était de me suspendre en dehors par les mains à l'une des deux dents de la fourche, et de tâcher de saisir avec mes pieds le tronc de l'arbre, au-dessous de la bifurcation. J'exécutai cette manœuvre au péril de ma vie. Au milieu de mes tribulations, je n'avais pas lâché mon trésor; j'aurais pourtant mieux fait de le jeter, comme depuis j'en ai jeté tant d'autres. En dévalant le tronc, je m'écorchai les mains, je m'éraillai les jambes et la poitrine et j'écrasai les œufs: ce fut ce qui me perdit. Le préfet ne m'avait point vu sur l'orme; je lui cachai assez bien mon sang, mais il n'y eut pas moyen de lui dérober l'éclatante couleur d'or dont j'étais barbouillé. « Allons, me dit-il, monsieur, vous aurez le fouet. »

Si cet homme m'eût annoncé qu'il commuait cette peine en celle de mort, j'aurais éprouvé un mouvement de joie. L'idée de la honte n'avait point approché de mon éducation sauvage à tous les âges de ma vie ; il n'y a point de supplice que je n'eusse préféré à l'horreur d'avoir à rougir devant une créature vivante. L'indignation s'éleva dans mon cœur ; je répondis à l'abbé Egault, avec l'accent non d'un enfant, mais d'un homme, que jamais ni lui ni personne ne lèverait la main sur moi. Cette réponse l'anima ; il m'appela rebelle et promit de faire un exemple. « Nous verrons », répliquai-je, et je me mis à jouer à la balle avec un sang-froid qui le confondit.

Nous retournâmes au collège ; le régent me fit entrer chez lui et m'ordonna de me soumettre. Mes sentiments exaltés firent place à des torrents de larmes. Je représentai à l'abbé Egault qu'il m'avait appris le latin ; que j'étais son écolier, son disciple, son enfant ; qu'il ne voudrait pas déshonorer son élève, et me rendre la vue de mes compagnons insupportable ; qu'il pouvait me mettre en prison, au pain et à l'eau, me priver de mes récréations, me charger de pensums ; que je lui saurais gré de cette clémence et l'en aimerais davantage. Je tombai à ses genoux, je joignis les mains, je le suppliai par Jésus-Christ de m'épargner : il demeura sourd à mes prières. Je me levai plein de rage, et lui lançai dans les jambes un coup de pied si rude, qu'il en poussa un cri. Il court, en clochant, à la porte de sa chambre, la ferme à double tour et revient sur moi. Je me retranche derrière son lit ; il m'allonge à travers le lit des coups de férule :

Maete animo, generose puer !

Cette érudition de grimaud fit rire malgré lui mon ennemi ; il parla d'armistice ; nous conclûmes un traité ; je convins de m'en rapporter à l'arbitrage du principal.

Sans me donner gain de cause, le principal me voulut bien soustraire à la punition que j'avais repoussée. Quand l'excellent prêtre prononça mon acquittement, je baisai la manche de sa robe avec une telle effusion de cœur et de reconnaissance qu'il ne se put empêcher de me donner sa bénédiction. Ainsi se termina le premier combat, qui me fit rendre cet honneur devenu l'idole de ma vie, et auquel j'ai tant de fois sacrifié repos, plaisir et fortune. »

Même date.

— En voiture, messieurs... Nous remontons en wagon, où mon frère Yves a déjà transporté nos valises.... un son de cloche, un coup de sifflet et nous voilà partis. Bully accapare le matelot.

— Est-ce que vous en avez vu des vaisseaux anglais ?

Yves sourit.

— Dame ! j'en ai bien vu quelques-uns tout de même.

— Ils sont plus gros que les français, hein ?

Ils causent comme de vieux camarades, et je ne sais vraiment lequel des deux est le plus enfant.

A Lamballe, frère Yves nous quitte. C'est grand dommage. Nous lui serrons la main, il nous souhaite bon voyage et c'est presque une séparation, bien que nous ne le connaissions que depuis deux heures à peine.

Lamballe est une assez jolie petite ville, nichée dans la verdure, au flanc d'une colline. L'infortunée princesse qui portait ce nom et dont la révolution a promené la tête au bout d'une pique, n'a laissé ici aucun souvenir. Je crois du reste qu'elle n'y est jamais venue. Pendant que le train roule vers St-Brieuc, je lis le *Journal de Lamballe,* que j'ai acheté à la gare.

Des élections ont eu lieu et les colères politiques bouillonnent encore dans les minuscules colonnes de cette petite feuille. On y arrange de la belle façon un monsieur qui a été battu à plates coutures. Partout les mêmes, ces journalistes. Seulement, ceux de Lamballe n'ont pu se débarrasser de cette

candeur naturelle à tout Breton bretonnant.
En voici, du reste, un échantillon, découpé à
la deuxième page. Un M. de Kargouët, maire
de M., répond aux attaques dont il a été l'objet de la part d'un M. F. F., lequel, paraît-il,
recommandait la candidature conservatrice
de M. Burot de Carcouët :

« Vous affirmez que Burot de Carcouët a
rempli régulièrement la volonté des fonda-
teurs en ce qui concerne la chapelle de Ranléon, et vous ajoutez qu'il avait bien le droit
de faire dire les messes en dehors de cette
chapelle et par qui bon lui semblait.

Cela est faux. Le possesseur de la terre
de Ranléon doit, d'après la volonté du fondateur, faire dire les messes à ladite chapelle. Si par empê.hement il ne pouvait en
être ainsi, elles doivent être dites à l'église
paroissiale de Saint-Ignace et non ailleurs,
et encore doit-il faire cesser le plus promptement possible la cause de l'empêchement.

Vous le voyez, vous n'êtes qu'un igno-
rant... »

Après avoir ainsi convaincu d'ignorance
son adversaire, M. de Kargouët, en bon rhé-
toricien, emploie l'argument *ad hominem :*

« Pour répondre, écrit-il, à certaines remar-
ques que vous avez faites sur ma personne,
je citerai pour mémoire la coupe de vos cheveux trop longs et mal soignés, ainsi que la
forme trop arrondie de votre personne en-

tière, qui, quand on vous voit, fait penser aux Bébés-Jumeaux. »

Que voilà bien la Bretagne ! Ce maire républicain, prouvant dans un but politique que Burot de Carcouët doit faire dire la messe à la chapelle de Ranléon, est bien du pays où les pierres mêmes ont des convictions. Quant à Burot de Carcouët, son ignorance lui aura coûté son fauteuil de conseiller général.

De Lamballe à St-Brieuc, il n'y a guère qu'une vingtaine de kilomètres, que le train parcourt aisément en une demi-heure. A l'air plus vif, on sent que la mer est proche, et, en effet, nous ne tardons pas à la découvrir. St-Brieuc doit son origine au célèbre missionnaire qui vint prêcher l'Evangile en Armorique vers le milieu du Vme siècle. Brieuc fit des miracles après sa mort, on lui donna une cathédrale pour tombeau, les pèlerins accoururent, les miracles continuèrent, les moines construisirent des couvents, les malins des hôtelleries, et, un beau matin, la ville se trouva fondée. C'est, d'ailleurs, ce qui s'est produit plus tard à Ste-Anne d'Auray et, de nos jours, à Lourdes. Mais la concurrence a fait tort à St-Brieuc : son pèlerinage est délaissé pour d'autres plus à la mode.

Encore un changement de train. Mes compagnons de voyage trouvent cela détestable. Détestable, pourquoi ? Rien de plus amusant, au contraire. D'abord, on voit de nouveaux visages, on coudoie pendant quelques instants une foule qui est toujours intéressante, il faut s'informer, aller, courir, revenir sur ses pas ; et puis, on a quelquefois la chance do monter dans un train qui n'est pas le bon, et cela vous procure une émotion comparable à celle d'un joueur qui tourne un neuf de pique au lieu d'une dame de trèfle. C'est tout à fait charmant. Malheureusement, mon voyage est si bien ordonné que je ne réussis pas une seule fois à m'enfiler dans ce train idéal, que les compagnies ont tant de peine à mettre hors de la portée des voyageurs fantaisistes.

Cette fois, nous sommes bien en Basse-Bretagne et pas moyen de l'ignorer, car le coupé de troisième classe où je parviens à trouver une petite place est plein de bonnes gens qui bretonnent ferme. Certes, le gaëlic n'a pas la douceur d'un chant de rossignol ; mais il est moins rauque pourtant que certains dialectes de la Suisse allemande. Aux premiers sons qui frappèrent mes oreilles, j'eus durant quelques secondes la sensation d'être en plein Emmenthal. L'illusion était complète. Elle dura peu, et, malgré les *ya* et les *ch* gutturaux, je fus vite à m'apercevoir de mon erreur.

Pendant que mes Bretons grincent, roulent et hoquètent leur gaëlic, nous regardons le paysage à travers lequel nous entraine la locomotive. A l'horizon, des clochers surgissent. Leurs flèches gracieuses, dorées par le soleil couchant, émergent de la verdure, montent, montent toujours et vont se perdre dans le bleu du ciel.

Voici Guingamp avec sa Notre-Dame de Bon-Secours dont nous apercevons les tours. C'est un des pélerinages les plus fréquentés de Bretagne. Tréguier, la patrie de Renan, n'est pas loin d'ici. Ç'a été peut-être le grand miracle de Notre-Dame, que de permettre à un Breton d'écrire les *Dialogues philosophiques*.

Le jour baisse. Toute cette contrée a bien la douce mélancolie dont parle Loti. Des ravins herbeux, quelques chaumières sur les pentes, des champs de sarrazin, d'avoine, de pommes de terre, des haies à hauteur d'homme, des talus tapissés de silènes roses, de fougères ou de genêts épineux... Un tunnel... Le train court maintenant à toute vapeur. De temps en temps, les vibrations d'une cloche lointaine sonnant l'angélus nous arrivent malgré les ronflements de la locomotive; la brise nous les jette au passage avec la fraîche odeur des sarrazins et des bruyères. Bientôt, le soleil disparaît, l'azur s'assombrit et la campagne, noyée dans le crépuscule violet, prend des formes indécises, tandis que, l'une après l'autre, les étoiles s'allument, douces veilleuses que le ciel donne à la terre endormie.

Plouvaret... Plouvigneau... Enfin un long sifflement et, dans la nuit, à nos pieds, les lumières de Morlaix, la jolie petite ville bretonne si pittoresquement située au bord de la mer.

Dernier changement de train. En route pour St-Pol-de-Léon !... La nuit est superbe, l'air très doux. Nous avons quitté la ligne de Brest pour courir à droite, vers la côte. La lune se lève, très pâle, et se joue sur les eaux de la Penzé, que nous traversons.

Tout à coup, le train ralentit sa marche, s'arrête, et une voix claire, une voix de ténor, jette ces mots : St-Pol-de-Léon ! avec une extraordinaire accentuation des consonnes. Chaque syllabe se détache et vibre comme une note de cristal dans le grand silence nocturne.

III.

St-Pol-de-Léon, 7 août.

Le fait est que St-Pol-de-Léon est de l'autre côté du monde. Quand j'ai pris mes billets à la gare de St-Malo, l'employé, après s'être fait répéter deux fois le nom de cette petite ville originale que le siècle oublie au bord de la mer, s'est mis à sourire, et comme je demandais aller et retour, il a hoché la tête :

— Il n'y a pas d'aller et retour pour St-Pol-de-Léon.

Tout le monde riait : j'avais dit une énormité. Est-ce qu'on revient de si loin ?

A la gare de St-Pol-de-Léon, on ne voulait pas me laisser descendre.

— Nous n'y sommes pas encore, Monsieur.

— Mais, vous venez de crier St-Pol-de-Léon.

— Eh bien ! St-Pol n'est pas Roscoff.

— Je descends à St-Pol.

— Ah ! c'est différent, reprend le conducteur ahuri.

Je saute sur le quai; mes bagages dégringolent du fourgon, le train part, des têtes curieuses apparaissent aux portières pour voir le monsieur qui descend à St-Pol.

Même date.

Autrefois, pour aller de Brest à St-Pol-de-Léon, il fallait prendre la diligence, une bonne vieille patache faisant cahin-caha deux petites lieues à l'heure. Ignorée du monde, la capitale du Léon dormait à l'ombre du Creizker, et l'histoire passait à côté d'elle sans la troubler quand un beau matin le dix-neuvième siècle vint frapper à sa porte. Des ingénieurs parcoururent le pays, puis arrivèrent des ouvriers qui bouleversèrent le sol, et bientôt la locomotive fit sa bruyante apparition. Seulement, comme elle se tint à distance respectueuse, St-Pol, jugeant que cela ne la regardait point, se rendormit aussitôt. Une fois les rails posés et la circulation établie entre Morlaix et Roscoff, on supprima la diligence, et c'est ainsi qu'un événement qui ailleurs marque le point de départ d'une nouvelle vie, ne fut que l'occasion d'un sommeil plus profond encore.

Nous partons en exploration. Les rues sont désertes. Les maisons, très petites, serrées les unes contre les autres pour mieux résister aux grands chocs des tempêtes équinoxiales, se ressemblent toutes. Une porte étroite surmontée d'une niche encadrant une statuette de la Vierge ou de Ste-Anne, patronne de la Bretagne; une fenêtre de chaque côté, trois à l'étage unique, deux lucarnes en haut, et c'est tout. Nul bruit n'en sort et pourtant elles sont habitées, car, à chaque fenêtre on voit des rideaux blancs, très propres. Tout à coup, du milieu de ces humbles demeures jaillit la flèche d'une église, hardie, svelte, découpant dans l'azur du ciel sa fine dentelle de granit. Le Creizker! Et nous restons là, muets de surprise et d'admiration, tâchant à déchiffrer ce beau poème de la pierre, œuvre de quelque artiste de génie dont l'ingrate postérité n'a pas même retenu le nom. Suivant la tradition, l'église devrait sa fondation à une jeune Léonaise miraculeusement guérie par saint Kirec. Ce portail gothique, ces grandes fenêtres ogivales aux riches meneaux surmontés de frontons aigus, ce clocher carré percé de baies étroites, lançant

vers le ciel sa merveilleuse flèche ajourée,
tout cela est d'un effet saisissant, grandiose,
inoubliable.

Si nous montions là-haut ?... Nous voilà
partis à la recherche du sacristain. Un petit
carré de papier découvert dans un coin nous
informe que cet important personnage exerce
en même temps les fonctions de concierge au
collège de Léon.

Le collège de Léon est en face de l'église.
Nous sonnons, et comme personne ne vient,
nous poussons la porte, qui est entrebaillée ;
nous pénétrons dans une cour pleine de
soleil. A gauche, la logette du portier,
grande ouverte, est encombrée de baquets
où sont entassés des encriers. Personne à
qui parler. Plus loin, la classe de septième,
puis la seconde, puis la rhétorique, et, à côté
de la rhétorique, la cuisine, comme pour rap-
peler que la roche Tarpéïenne est près du
Capitole. A droite, le parloir, petite pièce
fraîche, des rideaux clairs aux fenêtres, des
chaises rangées le long des murs. Nous appe-
lons... Hé ! concierge ! Nous faisons du bruit
dans les salles vides, nous cognons aux
vitres. Personne n'arrive. On dirait le château
de la Belle au bois dormant. Traversant la
cour, nous entrons dans le bâtiment du fond
par une porte au-dessus de laquelle trône
une sainte vierge, seule gardienne de ces
lieux déserts. Nos pas résonnent sur les

dalles. Ah! voici le réfectoire. Pour le quart
d'heure, il n'y a là qu'un grand Christ, qui, du
haut de sa croix, regarde tristement une table
à moitié desservie. Au bout du couloir, une
autre porte donne sur une deuxième cour
plantée d'arbres, silencieuse comme tout le
reste. Nous nous piquons au jeu, et, continuant notre poursuite, nous montons un
escalier, parcourons des enfilades de chambres, grimpons au grenier, dévalons à la
cave sans plus de succès. De guerre lasse, nous
nous sauvons, et, dans la rue, un bonhomme
effaré qui nous regarde sortir, nous apprend
qu'il est le concierge de céans. A la bonne
heure.

L'intérieur du Creizker est simple, mais
d'un goût parfait. La tour repose sur quatre
énormes piliers formés de colonnettes réunies
en faisceaux. A l'angle d'un de ces piliers,
une petite porte laisse voir un escalier tournant pratiqué à l'intérieur ; nous nous
y engageons sur les pas du sacristain, et
après une ascension de soixante-deux marches, nous arrivons dans une espèce de cage
de granit à plancher incliné. Alors, levant la
tête, nous demeurons confondus de surprise.
La tour et la flèche qui la surmonte sont
vides et rien ne vient y gâter l'effet de la
perspective. C'est d'ici qu'il est possible de
se rendre compte de l'admirable simplicité de
cette œuvre unique. Ces murs sont faits avec

de la dentelle de granit et le tout est d'une légèreté, d'une élégance et d'une hardiesse incomparables. Cela monte, monte encore, monte toujours plus haut, dans un superbe élancement à travers l'azur, qui pénètre de tous côtés par les découpures de la pierre. On dirait vraiment que l'artiste a taillé en plein ciel et il faut presque un effort d'imagination pour se représenter que cette merveille tient à la terre. Quelques oiseaux que nous dérangeons s'élèvent en tournoyant vers le faîte, où nous les perdons bientôt de vue.

Nous reprenons notre ascension ; l'escalier ménagé dans un des côtés de la tour est si étranglé qu'il faut se tourner de guingois pour le gravir. Un instant j'ai la sensation très nette d'être comme enterré vivant dans ce granit, qui vous étreint de toutes parts, tant la courbe de la spirale est accentuée. En haut, nous débouchons sur une galerie étroite courant à la base de la flèche et supportant à chacun de ses angles un gracieux clocheton ajouré.

La flèche du Creizker est formée de blocs de granit imbriqués et la croix qui la surmonte est à quatre-vingts mètres du sol. De loin, elle nous était apparue dorée ; de près, elle est d'un gris rose avec, çà et là, des taches brun clair qui sont des plaques de mousse très fine et soyeuse au toucher. Au-dessous de nous, la ville prosternée au pied de ses églises, toute petite dans son adoration silencieuse ; à droite, la grande mer bleue et la côte parsemée de rochers bizarres; à gauche, tout le pays de Léon jusqu'à des montagnes qui ferment l'horizon, une plaine bien cultivée avec des villages épars.

Redescendus dans la rue, nous reprenons notre promenade. Toujours les mêmes petites maisons avec une Vierge au-dessus de la porte et pas de numéros. Parfois, une enseigne minuscule révèle l'existence de quelque pauvre boutique. En voici même une qui ressemble à celles que l'on voit partout. C'est la pharmacie. Elle étale fièrement au soleil ses bocaux pleins d'alcool où dorment des horreurs aux pattes velues ou lisses, des choses livides et molles qui font peur à voir.

Nous débouchons sur une place assez grande, et la cathédrale se dresse devant nous avec ses deux tours et son architecture un peu lourde. Elle est bien belle, la cathédrale de Léon; mais je préfère le Creizker. C'est demain dimanche, j'irai à la messe.

Autrefois, St-Pol-de-Léon possédait un évêché, que la révolution supprima en 1793, et comme le concordat a oublié de le rétablir, la ville fait aujourd'hui partie du diocèse de Quimper.

Transformé en hôtel de ville, l'ancien palais épiscopal se trouve aussi sur cette place,

de même que l'entrée d'un jardin public, où
nous allons chercher un peu d'ombre. Tout
cela est vide, silencieux, morne. La tristesse
des siècles passés pèse lourdement sur cette
cité engourdie, où flotte comme l'odeur blanche d'un cloître. C'est le moyen âge, un
moyen âge terne, monotone, presque sans
vie. Des rues solitaires, des places nues, brû-
lées de soleil, où l'on n'entend que la voix
nasillarde de quelque mendiant accroupi sur
les marches d'une église ; des couvents pour
remparts, une cathédrale pour château fort,
voilà St-Pol-de-Léon. A distance, on la prend
pour un grand monastère ; dedans, on est à
peine détrompé. Cette première impression
répond-elle bien à la réalité ?

Même date.

Une auberge bretonne, *l'Hôtel de France*,
la meilleure de St-Pol et de tout le pays de
Léon. C'est une assez jolie construction : un
corps principal en retrait sur les deux ailes
formant cour. A l'intérieur, un escalier de
bois mène aux deux étages. En bas, un vesti-
bule précède la salle à manger, petite, un
peu sombre, avec aux fenêtres des rideaux
jadis bleus et blancs. On y sent toujours l'é-
curage et le graillon. Dans un coin, une
vieille épinette en palissandre ; au mur, deux
affreux chromos représentant des paysages
suisses très fantaisistes — des ours blancs

qui attaquent un troupeau de vaches sur un glacier — une enluminure qui doit être le portrait de la Patti, la photographie d'un pensionnat de jeunes Anglaises et deux images de piété. On y voit encore deux tables couvertes de nappes trop étroites sur lesquelles les litres de vin ont fait des cercles violacés.

L'hôtesse, Madame Phlipot, est une commère grassouillette, d'une extraordinaire vivacité, haute en couleur, la langue bien pendue, toujours dans le coup de feu d'un service quelconque. Une emballée perpétuelle qui va, vient, roule, s'engouffre dans les corridors, surgit de la cave, dévale du grenier, criante, gesticulante, en l'air, la coiffe de travers, partout et nulle part, emplissant l'hôtel de France du bruit de ses algarades et de son trousseau de clefs.

La servante qui l'assiste est une Bretonne blonde aux yeux bleus très doux. On l'appelle grande Jeanne, pour la distinguer de petite Jeanne la fille de chambre. Une bonne créature indolente qui rêve en marchant. Elle sait quelques mots de français, qu'elle dit d'une voix basse, comme si elle craignait d'être entendue : oui, monsieur... oui, madame.

Madame Phlipot et grande Jeanne se ressemblent pourtant sur un pöint : toutes deux ferment les portes avec un fracas épouvantable, en faisant entrer d'un vigoureux coup de poing le pêne dans la serrure. C'est la mode du pays; aussi n'ai-je pas encore trouvé, en Bretagne, une seule porte qui ne fût démantibulée.

Les repas qu'on fait ici ont quelque chose de rabelaisien et d'homérique, de vraies noces de Gamache!... Crevettes, bigorneaux et palourdes, homard à l'américaine, saucisson, jambon, andouillettes de St-Pol, artichauts à l'italienne, œufs frits, maquereau à l'oseille, mouton aux champignons, veau aux olives, bifteck aux pommes, fromage, fruits, petits gâteaux de St-Pol, tout cela défile pêle-mêle, servi à la diable par Madame Phlipot en ¡ersonne. Rose, un peu essoufflée, elle roule entre les tables, mettant le plat sous le nez des convives en leur criant à l'oreille avec sa rude accentuation bretonne :

— Veau aux olives, Monsieur!... homard, Monsieur!... mouton aux champignons, Monsieur!... des gâteaux de St-Pol, hein!...

C'est la confusion dans la variété, et tout le temps, ce sont des exclamations, des oh! et des ah! des prenez donc! et des c'est bon, vous verrez! Et quand on refuse: Eh ben! qu'est-ce qui dira, mon mari, si je lui rapporte comme ça des plats à la cuisine? Y va dire que je sais pas faire l'article... voyons, Madame, une petite andouillette... c'est bon, vous verrez!

Elle vous allonge familièrement de grandes tapes dans le dos pour vous faire prendre

son homard ou son bifteck, et quand le con-
vive se retourne, elle part d'un grand éclat
de rire : ça fait rien. Quelqu'un demande une
bouteille de Bordeaux. Grande Jeanne va la
chercher à la cave, la passe à maman Phlipot,
qui la pose devant le monsieur. Je dis qu'elle
la pose : ce n'est pas exact, elle la fiche sur
la table avec un grand geste. Le monsieur
n'a pas de verre.

— « Ça fait rien ! ça fait rien !... »

Elle rit, il rit, tout le monde rit. Grande
Jeanne apporte un verre. Le monsieur veut
le remplir, mais la bouteille n'est pas débou-
chée. Il réclame un tire-bouchon. Maman
Phlipot, qui met du veau aux olives dans le
corsage d'une dame anglaise, crie de l'autre
côté de la salle :

— Eh ben ! attendez donc un peu ! Du veau
aux olives, Madame, c'est ben bon, vous verrez !

Le monsieur exige son tire-bouchon sur
l'air des lampions. Madame Phlipot, furien-
se, arrive brandissant le veau aux olives et
toutes les têtes se courbent sur son passage
pour éviter la sauce. Elle lance un tire-bouchon qui tombe dans les gâteaux de St-Pol.

— Le v'là, vot' tire-bouchon, pompier !

— Bon, voilà qu'elle m'appelle pompier,
maintenant, dit le monsieur en retirant l'objet de dessous les décombres. Comme il est
arrivé en retard, il a devant lui six assiettes
empilées. Grande Jeanne lui en apporte une

septième qui contient le potage. Il refuse le
potage, mais on ne l'écoute pas. Alors, il
prend un couvercle égaré par là, le met sur
sa soupe, place un'verre dessus, un gâteau
de St-Pol sur le verre, un artichaut sur le
gâteau de St-Pol et contemple sa pyramide
d'un air comiquement résigné.

Les joues allumées par ses fourneaux, le
tablier retroussé, le père Phlipot monte de la
cuisine donner un coup de main à sa commère. Mais ça ne va plus du tout. On passe
quatre fois le homard à l'américaine à un
commis-voyageur qui en est au dessert, tandis qu'une petite Anglaise, perdue dans tout
ce branle-bas, déjeune silencieusement d'une
prune et d'un grain de raisin.

7 août.

Dimanche. Depuis le matin, les cloches
sonnent, de pauvres petites cloches fêlées qui
laissent tomber lentement leurs notes tristes,
presque lugubres. Pourtant il y a de la joie
dans le ciel, le soleil brille et rien ne trouble
la sérénité du pâle azur. Je me mets à la fenêtre. Dans la rue des Minimes, beaucoup de
monde. Les hommes, graves, recueillis, ont
un livre d'heures dans la poche de leur veste.
Tous portent le costume breton : ample pantalon noir serré à la taille par une ceinture
de flanelle bleue, petite veste noire, collante,
à double rangée de boutons très serrée — la
veste aux cent boutons des gens de St-Pol —

chapeau de feutre noir à larges bords, à fond
plat, entouré d'un ruban dont les deux bouts,
réunis par une boucle d'acier ou d'argent, re-
tombent par derrière jusqu'au milieu du dos.
Les femmes sont en robe noire, le petit châle
de même couleur croisé sous la grande bavette d'un tablier noir, la coiffe blanche, fraîche, empesée. Les jeunes laissent passer un
tout petit bout de guimpe blanche dans l'é-
chancrure de laquelle on voit briller, passés
à un ruban de velours, la croix et le cœur
bretons. Il y a foule, maintenant, mais on
n'entend que le claquement des sabots sur le
pavé résonnant, le bruissement des conversa-
tions à voix basse. Dans cette uniformité du
noir, apparaissent çà et là quelques taches
claires. Ce sont les dames du St-Esprit, les
sœurs de charité bretonnes ; elles se rendent
à l'office dans leurs mantes de laine blanche,
qui flottent autour d'elles comme de grandes
ailes.

Dans la rue, mêlé à cette foule silencieuse,
presque funèbre, je suis le courant et j'arrive
bientôt à la cathédrale, où je m'installe parmi
les hommes. On vient de commencer l'office,
et tous mes Bretons chantent les répons avec
des voix sonores. A côté de moi, un grand
gaillard rugit les amens. Le curé monte en
chaire. Un beau vieillard à tête blanche, aux
gestes cassés, à la voix chevrotante. Il prê-
che en bas breton et à peine a-t-il entamé son

exorde que le grand gaillard qui rugissait
tout à l'heure ronfle maintenant comme un
tuyau d'orgue ; d'autres ne tardent pas à l'i-
miter, sans que cela cause le moindre scandale, tandis que, de l'autre côté de la nef, les
coiffes des bonnes vieilles Bretonnes plon-
gent et replongent dans l'ombre avec parfois
des soubresauts irrésistiblement comiques.
Le curé parle de Tugdual, qui fut évêque de
Tréguier et mourut en odeur de sainteté.

« He di a voa digor bemdez d'ann dud a
ziaveaz bro ha d'ar re baour, hag ober a rea
d'ezho dibri oc'h he daol. » (Sa maison était
ouverte à tous les étrangers et aux pauvres,
et il les faisait manger à sa table.)

La piété bretonne me paraît avoir plus de
surface que de fond ; elle s'est pour ainsi dire
extériorisée. Evidemment le Breton croit encore, puisqu'il assiste à la messe, porte des
médailles et des scapulaires ; mais.... honni
soit qui mal y pense.

En sortant de l'église, nous entrons dans
quelques boutiques. On cumule à St-Pol. Le
pâtissier vend des lampes, des rubans et des
faïences de Quimper fabriquées à Sarregue-
mines. A l'étalage, des appétissants gâteaux
de St-Pol, délicats et dorés, sont entassés aux
pieds d'un beau St Yves en bonnet carré, en
manteau bleu doublé d'hermine. Bien sûr, ce
n'est pas lui qui les croquera.

— Y a-t-il un libraire à St-Pol, Madame ?

— Un libraire.... un libraire !....

Et la bonne femme en train de ficeler le paquet de petits gâteaux, reste le nez en l'air, tandis que ses doigts nouent machinalement les ficelles. Un libraire !... pour sûr qu'il y en a un ; mais attendez donc un peu... qu'est-ce que vous voulez lui acheter... j'ai peut-être votre affaire.

Je lui expose que je voudrais des histoires, des livres... Elle m'interrompt.

— Oh ! ça, monsieur, vous ne le trouverez pas ici.

— Il n'y a donc pas de libraire ?

— Si fait, monsieur.

— Mais, qu'est-ce qu'il vend, votre libraire ?

— Dame, je ne pourrais pas bien vous dire... vous pourriez aller voir. C'est tout près d'ici.. tenez, là, en face .. il y a des montres à la fenêtre parce que c'est lui qui les raccommode.

Nous remercions et nous allons chez le libraire. En effet, c'est un horloger. Il nous reçoit les lunettes sur le nez, l'air très affable. Pour le moment, sa librairie n'est pas bien fournie. Il n'a qu'un livre : *St Pol Aurélien et ses premiers successeurs,* par l'abbé Alexandre Thomas, aumônier au lycée de Quimper.

Je lui demande s'il possède une monographie de St-Pol-de-Léon, un guide, une notice quelconque. Non, vraiment, il n'y a rien.

— Et des journaux ?

— Non. Voyez-vous, monsieur, on ne nous demande jamais de ces choses-là.

Allons, St-Pol n'est pas dans le mouvement. Pas plus de journaux que de réverbères.

Le jour, les St-Polais travaillent aux champs sous un soleil incendiaire ; la nuit, ils dorment, abandonnant à la pâle lune bretonne le soin d'illuminer les rues bordées de petites maisons.

Dans l'après-midi, nous allons au bord de la mer. A quinze minutes de la ville, se trouve le petit port de Penpoul. Il n'a rien de remarquable, si ce n'est une sorte de jetée naturelle formée par des galets et terminée par un rocher qui la protège contre les coups de la grande mer. La côte hérissée d'écueils bizarrement découpés et qui ont l'air de ruines, est d'une pittoresque sauvagerie. Sur la plage, beaucoup de monde et peu de bruit. Quelques robustes gars se baignent, leurs scapulaires au cou.

Nous rentrons en ville, en suivant d'abord le rivage, que nous quittons bientôt pour un chemin creux dont les talus sont couronnés de genêts épineux et de bruyères roses. Les genêts, encore en fleurs, embaument l'air ; leur parfum pénétrant, mêlé à la fraîche odeur de la brise marine, est d'une exquise suavité.

Un garçon de ferme, rouge, hors d'haleine, ses sabots à la main, nous dépasse en courant. Il va prévenir le sonneur que sa vieille maîtresse est à l'agonie. Quelques minutes plus tard, le glas funèbre commence à tinter, et les femmes que nous rencontrons tirent leurs chapelets, qu'elles égrènent en récitant des prières pour l'agonisante.

Même date.

Le soir, par les rues de St-Pol. Une nuit très douce, avec un ciel étoilé d'où tombe une lumière bleue qui répand sur toutes choses une teinte de mélancolie et de tristesse. Nous croisons une bande de jeunes gens et de jeunes filles, bras-dessus, bras-dessous. Ils sont bien une dizaine sur un seul rang : de beaux gars bien découplés et des petites Bretonnes aux figures doucement naïves. Ils marchent, silencieux, serrés les uns contre les autres. Qui sait ? Demain, peut-être, la grande mer gardera les beaux gars, et les petites Bretonnes pleureront. Plus loin, une autre bande. Une famille, sans doute... une très vieille femme, des frères, des sœurs, des parents, tous alignés, marchant à petits pas, pour ne point fatiguer l'aïeule. Plus loin encore, quatre ou cinq fillettes de seize à dix-sept ans descendent la rue des Ursulines en fredonnant d'une voix délicieusement pure un cantique bas-breton, au rythme doux et lent, avec le nom de Jésus revenant à chaque

4

ligne. Et, là-haut, dans la nuit bleue, parmi les pâles petites étoiles, l'adorable flèche du Creizker porte à Dieu la prière des âges disparus.

8 août.

Des femmes et des enfants en sabots passent sous nos fenêtres en agitant des sonnettes. Qu'est-ce que cela? Je m'informe. Ce sont les cloches de l'hôpital.

« Les cloches ?... Elles sont bien petites.

— On les appelle comme ça. Il faut vous dire, Monsieur, que quand une personne meurt, on les sonne ainsi par toute la ville. Si le défunt est riche, il a beaucoup de cloches; s'il est pauvre, il en a moins. Cela coûte vingt-deux sous par cloche: vingt sous pour l'hôpital et deux pour le sonneur. »

C'est mon hôtesse, Mme Kérusec, qui me donne ces renseignements d'une voix sérieuse, sans la moindre ironie. Elle trouve tout naturel, la bonne femme, que les riches fassent beaucoup de bruit après leur mort.

A chaque détour de rue, le cortège s'arrête, et l'un des gamins crie à tue-tête, en breton, que l'enterrement aura lieu demain, à trois heures. Quand il a fini, les femmes repartent, agitant leurs sonnettes avec de grands gestes saccadés, escortées des deux *bugaleigou* qui s'escriment de leur mieux.

Mme Kérusec continue ses explications. La morte était une brave femme, une fer-

mière des environs, assez riche puisqu'elle a
dix cloches. Toujours la première levée et la
dernière couchée, peinant du matin au soir,
sans cesse gourmandant son monde, elle
n'avait qu'un défaut : un peu d'avarice. Bien
sûr que si elle savait qu'on crie son enterrement avec un si grand luxe de cloches, elle
en aurait un gros chagrin. Avant-hier encore,
malgré son mal, elle était debout, surveillant
la rentrée des gerbes et les comptant au fur
et à mesure. Elle s'est abattue tout d'un coup
et son agonie a presque aussitôt commencé.
Le vieux que vous avez rencontré courant,
ses sabots à la main, allait quérir M. le curé
pour qu'elle ne s'en allât pas sans bon Dieu.

La ville est plus animée aujourd'hui. C'est
jour de marché. Sur la place, devant la cathédrale, d'où tombent, de minute en minute,
les trois notes lugubres du glas, des came-
lots venus de Morlaix vendent des boutons
et des lacets et hurlent comme des possédés.
Ceux-là ne sont point du pays et ces deux
braillards font encore mieux ressortir le calme et le mutisme des Bretons de St-Pol. Il y
a aussi de la poterie, des grandes assiettes
naïvement peintes, des bols aux couleurs
criardes, des saints et des saintes de porcelaine, puis des marchands de chapelets, de
crucifix, de médailles, des paysans qui sont
venus vendre leurs canards — de beaux canards dodus, nourris de berniques et de maïs

— puis quelques boutiques en plein vent, où sont empilées des flanelles de toutes couleurs, devant lesquelles se pressent les petites Bretonnes aux regards candides, palpant, retournant l'étoffe d'un air entendu, marchandant à voix basse... Et puis, c'est tout !

Ah ! j'oubliais... Deux chanteurs populaires, un homme et une femme : lui, petit, trapu, la moustache rousse retombante, l'air niais ; elle, grande et maigre, anguleuse, dégingandée, la tête recouverte d'un matras rouge, d'où s'échappent des mèches de cheveux gris. Ils gueulent à l'unisson une complainte idiote, dont je retiens ce couplet :

> La fille et l'époux sauvages
> A mort furent condamnés,
> Le fils aux travaux forcés.
> Que la fin de ce ménage
> A nos fils serve de leçon
> Et aux chefs de maison.

Là-haut, dans la fine dentelle de granit, le glas tinte toujours de minute en minute. Autour des deux chanteurs, une quadruple rangée de chapeaux noirs à larges bords et de coiffes blanches écoute la complainte. Ceux qui savent lire l'ont achetée pour deux sous et suivent avec intérêt les péripéties du drame.

On chante peu, en Bretagne, le fond du caractère étant la mélancolie. Depuis que je suis à St-Pol, je n'ai entendu ni un piano, ni

un violon, ni même un biniou. En hiver, il y
a pourtant des concerts monstres, mais c'est
l'océan qui en fait les frais. On parle peu
aussi; du reste, Mme Phlipot parle pour toute
la Bretagne.

Même date.

Comme toutes les chambres de l'hôtel de
France sont retenues, on nous a logés rue des
Minimes, chez Mme Kérusec. Nous aimons
beaucoup notre hôtesse, d'abord parce qu'elle
est très bonne, empressée, serviable, et puis
parce qu'elle a la tête de Renan, toute ronde
avec des yeux fins. Elle parle français, ce qui
n'est pas commun à St-Pol, et nous en profitons largement.

Nous occupons ici, au premier étage, deux
petites pièces donnant sur la rue. Elles sont
bien jolies, bien proprettes, avec leurs lits
enfouis sous de grands rideaux blancs garnis de dentelles empesées, leurs fenêtres en-
cadrées de mousseline, leurs commodes antiques sur lesquelles sont étalés de gros coquillages frustes, une frégate en miniature
et toute sorte de bibelots rapportés des pays
lointains, de Quimper ou de Landerneau.
Aux parois sont accrochés les portraits de
Pie IX et du comte de Paris, ce dernier en
habit bleu et culottes rouges, à cheval, l'air
très martial.

Le rez-de-chaussée est occupé par un débit
de boissons, que tient Mme Kérusec, et par

une boulangerie, que dirige M. Kérusec, charron de son métier. St-Pol-de-Léon a peut-être la gloire d'avoir inventé le commerçant universel...

En consultant le Guide Joanne, j'ai vu que la ville comptait bien 7000 habitants. Où sont-ils?

— Madoué! répond Mme Kérusec avec un geste vague, ils sont aux champs.

En effet, la population est essentiellement agricole. Les terrains onduleux qui s'étendent là-bas jusqu'aux montagnes noires sont bien cultivés et d'excellent rapport, grâce au goëmon qui sert à la fumure du sol.

Quant à l'industrie, on ne sait pas même ici ce que cela veut dire. Mme Kérusec, interrogée à ce sujet, me répond sans hésitation et avec le plus grand sérieux:

— Nous en avons deux: la Providence et la Charité.

Elle a cru que je lui demandais le nom des deux couvents de St-Pol.

En passant ce matin devant la cathédrale, nous en avons vu sortir une noce: le marié et la mariée en costume du pays, très simples, distribuant des gros sous aux mendiants accourus et qui les guettent sous le porche. C'est le cocher et la cuisinière de Mme de C., la châtelaine de Kersalion, entre St-Pol et Roscoff. Pour aujourd'hui, la grande dame s'est accordé le plaisir de conduire elle-même la calèche, attelée de deux magnifiques chevaux, et qui ramène l'heureux couple à la ferme, où aura lieu le dîner.

Rentrés chez Mme Kérusec, nous trouvons Bully en conversation animée avec l'hôtesse. Bully a par ici un véritable succès. Hier, comme il se levait de table, la mère Phlipot lui a donné une grande claque sur le derrière. — Ça fait rien ! Ça fera tout de même un joli garçon. Bully, très flatté, a rendu la claque à la mère Phlipot, qui riait aux larmes, les poings sur les hanches.

9 août.

Un temps toujours superbe. Nous allons à Roscoff. On nous a dit que Roscoff, tête de ligne de l'embranchement de Morlaix, était une petite ville aussi célèbre par sa situation pittoresque et son histoire que par ses primeurs, et comme nous désirons y passer quelques jours, je vais avec Bully préparer nos quartiers. Cinq kilomètres à peine la séparent de St-Pol-de-Léon. Nous les franchissons sans nous en apercevoir, et nous descendons à l'hôtel des Bains, où, en cinq minutes, nous avons expédié notre affaire. Roscoff n'est pas ce qu'on appelle une plage à la mode. Peu de touristes y viennent, et cependant, à première vue, on reconnaît qu'elle est un des plus purs échantillons de la Bretagne. Gens, bêtes et choses ont ici un caractère particulier de hardiesse et de sauvagerie qui s'accorde mal avec la réputation de carrés de choux que les gastronomes anglais ont faite à Roscoff et que Gustave Flaubert a eu tort d'accepter sans contrôle.

Après le déjeûner, nous nous mettons à la recherche d'un barbier et nous tombons au beau milieu d'une noce. Le maître d'école de l'endroit a épousé ce matin la maîtresse et, suivant l'usage, la noce se promène par les rues. En tête le marié, très rouge dans son habit noir qui le gêne, et la mariée, en robe et en voile blancs, sa couronne d'oranger grise de poussière. Derrière, deux par deux, les parents et les invités et, pour fermer la marche, un sous-officier donnant le bras à deux vieilles aux figures basanées, très ridées sous leurs coiffes à l'ancienne mode.

Au dessus d'une petite boutique, j'avise un plat à barbe avec cette enseigne : Charles, coiffeur. La boutique est une quincaillerie. Toujours le cumul, comme à St-Pol. J'enfile un étroit corridor et me voilà dans une arrière-boutique, un débit de boissons, où je me trouve en présence d'une formidable paire de moustaches qui me demandent ce que je veux.

Ce que je veux ?... Je l'avais presque oublié. Mais cela me revient maintenant. Le coiffeur, s'il vous plaît !

— Montez au premier, No 4.

Nous montons au No 4, le forban moustachu sur nos talons, et nous pénétrons dans une petite pièce dont tout l'ameublement se compose d'une table et de trois chaises, une pour le patient et deux pour l'assistance. Pendant que le bourreau m'épile horriblement les joues avec une tondeuse habituée à se promener sur la peau tannée des marins roscovites ou penpoulais, j'entame la conversation.

— Vous allez sans doute raser les touristes à l'hôtel des Bains?

Les moustaches se hérissent et la tondeuse s'arrête net.

— Vous savez... je ne suis pas un valet, je suis coiffeur, moi... On me donnerait cent sous pour aller à l'hôtel que je n'irais pas... Ceux qui veulent se faire raser savent où je demeure: ils n'ont qu'à venir chez moi. Je ne suis pas valet... J'irais bien à l'hôtel, mais uniquement pour rendre service... On peut faire cela, n'est-ce pas?... un malade, par exemple, qui ne pourrait pas marcher... ou un mort... ça, c'est autre chose... je rendrais service, vous comprenez... autrement...

Figaro brandit sa tondeuse d'un air très menaçant. Je comprends qu'il a l'esprit aigri par quelque chose, que j'ai fait une gaffe en lui parlant de l'hôtel et, changeant de sujet:

— Il y a longtemps que vous habitez Roscoff?

— Je n'habite pas Roscoff.

— Eh bien! mais...

— Je ne suis ici que quatre jours par semaine et j'ai mon domicile à Morlaix.

— Ah! très bien... vous êtes coiffeur à Morlaix.

Deuxième gaffe. Les moustaches partent d'un éclat de rire méprisant.

— Coiffeur à Morlaix!... Coiffeur à Morlaix!... ha! ha! ha! pour coiffer des vieilles marchandes de poissons et des revendeuses de choux!...

— Dame! puisque vous êtes coiffeur...

— D'abord, je ne suis pas coiffeur, je suis camelot. Autrefois, j'étais coiffeur et, vous savez, vrai coiffeur... J'appelle coiffeur celui qui sait peigner une dame... Aujourd'hui, plus de coiffeurs... des raseurs, Monsieur, rien que des raseurs... L'art dégringole: c'est le progrès (petit rire sarcastique)... aussi, je me suis fait camelot, parce que ça me rapporte plus de pièces de vingt francs... J'ai de tout, vous savez... de la quincaillerie, un peu de mercerie, un peu d'épicerie, des étoffes et des savons de toilette... Je vous taille la barbe à la Henri III... c'est ce qui vous va le mieux.

Ce n'est pas ma barbe qu'il taille, le misérable, c'est ma peau. Enfin, il faut savoir souffrir pour être beau.

— Pourtant, si vous n'exercez pas la noble profession de Figaro, que signifie le plat à barbe accroché au-dessus de votre boutique?

— Ah ben! ça, c'est différent: c'est un service que je rends au propriétaire...

— Ah!

— Oui, son fils veut apprendre le métier, et je ne suis là que pour le lui enseigner quatre fois par semaine... Venez-vous de loin?

— De Berne.

— Où que c'est donc, ça?

— En Suisse.

— C'est bien curieux... *(avec défiance)* mais vous parlez le français assez bien pour un étranger.

— Vous trouvez?

— Mais oui... un petit accent, peut-être, un accent... *(hésitant)* je ne voudrais pas dire prussien ; mais...

A chacun son tour. C'est moi qui ris, maintenant, et Bully, que cette conversation paraît amuser énormément, se tient les côtes.

— Well, uncle. Miks, you see... you are a Prussian, now.

M. Charles, coiffeur, camelot et tortionnaire émérite, prend un air pincé. Il garde d'abord le silence, puis, négligemment:

— Tiens, tiens, vous venez de Suisse... Vous avez eu une terrible catastrophe, là-bas, à St-Gervais, n'est-ce pas?

— St-Gervais est en France.

— Hum! vous croyez?

— J'en suis sûr. Un de vos confrères, M. Denzler, s'y est même distingué, et...

— Je vous ai déjà dit, Monsieur, que je n'étais pas coiffeur.

Les moustaches ont vraiment l'air féroce, et sous ma barbe à la Henr! III, la peau me cuit comme devait cuire celle des flagellants sous la discipline.

— Mettons un ex-confrère et n'en parlons plus.

Mon supplice est fini. Figaro quincailler me demande vingt sous pour le service qu'il ne m'a pas rendu et, avec une condescendance de grand seigneur, il m'offre du feu pour mon cigare, en commençant à exposer une théorie socialiste qui ne s'accorde guère avec le suprême dédain manifesté tout à l'heure pour les vieilles marchandes de poissons et les revendeuses de choux de Morlaix.

Une heure plus tard, j'éprouve un plaisir indicible à me retrouver à l'ombre du vieux Creizker, dans les petites rues tranquilles de St-Pol.

Roscoff, 10 août

Le grand silence qui règne dans la ville aux clochers ajourés ne s'étend pas au delà des murs de ses couvents. Maintenant que je l'ai quittée, je me demande si je n'ai point rêvé, si cette vieille cité qui dort son sommeil de granit n'est point un jeu de mon imagination. C'est apparemment l'effet du contraste. Là, l'engourdissement, la léthargie, une ville à l'état comateux; ici, le bruit, le mouvement, la vie, enfin.

A peine installé, je cours au port. Roscoff est situé sur une presqu'île dont l'extrémité est formée par deux caps, ou plus exactement par deux cornes à 1800 mètres l'une de l'autre et entre lesquelles se trouve le port, que protège une jetée de trois cents mètres environ. Une de ces cornes, celle du Nord-Ouest, appelée la pointe de l'église, contient une partie de la ville; l'autre, celle du Nord-Est, se termine par un rocher que domine la chapelle de Ste-Barbe. C'est au pied de ce rocher que se trouve le vivier aux langoustes, et comme on nous dit qu'une barque vient d'accoster le quai avec une cargaison de ces intéressants crustacés, nous nous dirigeons de ce côté-là pour assister au déchargement. Le grand vivier est séparé de la mer par un enrochement de granit près duquel la goëlette, solidement amarrée, se balance en attendant le reflux.

Nous sautons sur le pont, et un vieux matelot, à qui j'offre un cigare pour entrer en matière, se met complaisamment à notre disposition.

Ce n'est guère que depuis 1873 que l'on a songé à créer des parcs aux langoustes. A cette époque, le capitaine Silhouette en établit un à Biarritz, et, depuis, les Bretons ont suivi son exemple. Le vivier de Roscoff a bien 1200 mètres de superficie. Rien de plus facile que la conservation des langoustes. On a ré-

solu pour elles le problème de l'alimentation
à bon marché. Que dis-je? On a été plus loin,
puisqu'il est absolument prouvé aujourd'hui
qu'une langouste à laquelle on donne à manger
perd de son poids et qu'au contraire elle augmente du tiers en quinze jours si l'on prend
soin de la laisser crever de faim. Ce que c'est
pourtant que l'expérience!

Mais un fait donne à réfléchir: ces bêtes se
dévorent parfois entre elles dans les viviers,
tant il est vrai que la faim est mauvaise con-
seillère.

Autrefois, on pêchait la langouste sur toutes
les côtes de Bretagne; aujourd'hui, elle s'est
réfugiée dans les parages espagnols et por-
tugais, et c'est là que les marins bretons vont
la chercher. Il ne faut pas croire qu'on l'at-
trape à la ligne comme une simple carpe: on
la prend au piège, au filet, et même on lui fait
parfois les honneurs du harpon. Le piège est
un panier rond, tressé avec des tiges de
tamaris. On l'appâte de poisson frais, on le
place contre les accores et la bête vient s'y
empêtrer avec la candeur qui la caractérise.

La pêche au filet, plus fructueuse, ne laisse
pas que de présenter quelques inconvénients.
Le soir, on place au fond de la mer un réseau
de vingt à trente mètres de long sur un mètre
de large; on le fixe comme une paroi, puis on
l'abandonne jusqu'au lendemain. Pendant la
nuit, poissons et crustacés donnent dans le

panneau et s'en tirent comme ils peuvent ; mais le plus souvent ils ne s'en tirent pas du tout. Confiante dans son agilité, la langouste essaye bien de grimper aux cordages et de passer par dessus ; mais la prévoyante nature lui a donné tant de pattes que plus elle en retire des mailles, plus il en reste, et qu'elle doit bien finir par se résigner à la double éventualité du sort qui l'attend. En effet, ligotée dans son filet, la pauvrette n'a plus que le choix de la sauce, comme le mousse du petit navire. Au lever de l'aurore, si le pêcheur ne se hâte pas de retirer son filet, les dauphins, nés gourmets, viennent déjeûner à la parisienne, en commençant par le homard et en continuant par ce qui reste.

— Où sont-elles, vos langoustes ?

D'un signe, le matelot nous montre l'écoutille ouverte. Par le trou béant, nous regardons et distinguons bientôt une masse confuse et grouillante d'une couleur indéfinissable. Ce sont les langoustes et les homards. Nous les voyons s'agiter confusément dans l'ombre de la cale, difformes, grotesques, horribles, montant les uns sur les autres, allongeant lentement leurs pattes démesurées, brandissant leurs terribles pinces, roulant, rampant, grimpant dans un enchevêtrement hideux. Dans la partie du navire qui leur est réservée, le bordage est à claire-voie, de sorte que pendant la traversée, l'eau entre et sort continuellement; mais, à cette heure, la mer se retire et la goëlette sera bientôt à sec. Déjà, l'eau se fait rare dans la cale. Nous percevons alors un bruit étrange, qui augmente rapidement, un bruit fait de trois mille carapaces qui se heurtent, se frottent, grincent... on dirait le crissement de quelque formidable mâchoire. Les horribles bêtes se tassent là où elles sentent encore un peu d'eau, agitent désespérément leurs longues pattes, se déchirent aux épines de leurs cuirasses, et le bruit devient infernal.

— Elles ont soif, dit le vieux matelot, qui, penché avec nous sur l'écoutille, regarde aussi cette cargaison de chair en train de lutter pour l'existence, mais tout à l'heure, quand elles n'auront plus rien à boire, ça sera bien autre chose.

— Est-ce que vous n'allez pas les jeter dans le vivier?

— Dame, il faut attendre le capitaine et la visite de la douane. Et puis, rien ne presse... elles ont la vie dure, ces bêtes-là.

Tout en tirant de grosses bouffées de son cigare, le matelot continue ses explications. Ils sont allés chercher les langoustes là-bas, sur les côtes d'Espagne. Avec un bon vent, c'est un voyage de soixante heures, une bagatelle... Cette fois, ils sont restés une quinzaine en mer, retenus pendant trois jours et trois nuits à la hauteur de l'île d'Ouessant... Un sacré parage, celui-là... Vous savez le proverbe : Belle-Ile, son île ; Croie, sa joie ; Ouessant, son sang. Bah ! nous nous en sommes tirés quand même. Et puis, ajoute-t-il en montrant le nord, ce n'est pas aussi mauvais que là-bas. Quand je pêchais la morue, sur les côtes d'Islande, nous en avons vu bien d'autres. C'est le brouillard, voyez-vous, qu'il faut craindre. Rien à faire, alors. On se croise les bras, on fume sa pipe et l'on écoute. On n'est pas à la noce, allez ! Et ça dure des jours et des jours, comme si ça ne voulait jamais finir.

Il parle avec tranquillité, mais au fond de sa voix il y a une terreur que je saisis parfaitement.

Des blouses bleues apparaissent sur le rivage. Ce sont les douaniers qui viennent faire la visite de la goëlette.

— Tenez, voilà le capitaine Danik.

Un vrai loup de mer, le capitaine Danik : trapu, solidement planté sur ses jambes courtes, la trogne brûlée de mer et de soleil et l'air pas commode. Pourtant, notre matelot en parle amicalement.

— Tout de même un brave homme, le capitaine Danik des *Deux Cousins*. C'est vrai qu'il gagne de l'argent ; mais faut dire qu'il en dépense. Nous sommes cinq à bord, sans compter le mousse. Il nous paie et il doit nous nourrir. Avec ça, vous comprenez, il court les risques. Au dernier voyage, nous n'avons perdu qu'une centaine de langoustes pendant la traversée ; mais il arrive souvent que nous en perdons davantage. Elles se mangent entre elles et, dame, c'est aux frais du capitaine qu'elles dînent, ces bêtes-là. Et puis, la barque est à lui... faut bien que cela lui rapporte quelque chose, autrement ce ne serait pas juste. N'est-ce pas ? si nous avions une barque, nous voudrions aussi en profiter, c'est tout clair.

Allons ! les théories socialistes de Bebel et de Liebknecht n'envahissent pas encore la Bretagne.

Pour débarquer les langoustes, on les prend simplement l'une après l'autre à la main par le milieu du corps, on les place dans une cage en bois, que l'on pèse lorsqu'elle est pleine et que l'on vide ensuite au moyen d'une grue.

Nous restons là longtemps encore à les regarder piquer des têtes, les pattes étendues, avec la contorsion des monstres sculptés par les artistes du moyen âge dans la pierre des cathédrales.

11 août.

Chaque matin, je suis réveillé par le clic clac des sabots sur le pavé. On ne se figure pas le vacarme que font les chaussures bretonnes dans ces petites rues étroites. A St-Pol-de-Léon, un homme allant au pas reproduisait

exactement le galop d'un cheval. Cela résonne
étrangement dans le grand silence de cette
ville endormie.

Chaque matin aussi, Madame veuve Kéméner, la tenancière d'un débit de boissons vis-à-
vis de la maison que j'habite, vient sur le pas
de sa porte faire un bout de causette avec
une autre commère, une couturière, qui travaille de l'aiguille en bavardant à sa fenêtre
ouverte. On taille ainsi des bavettes, une ou
deux heures durant, et vingt sténographes
ne parviendraient pas à rendre fidèlement
un dialogue qui doit être palpitant d'intérêt,
car il est toujours très animé. Mme Kéméner
et son interlocutrice parlent breton. Les syl-
labes sortent très distinctes, mais précipitées,
bousculées, — une averse, le bruit de la grêle
sur les toits. Et ce sont des « ya » durs et secs,
des « ha ! ha ! ha ! ha ! » qui s'élancent comme
des fusées et des « Madame » tous les dix mots.
Ce matin, Mme Kéméner, les manches retrous-
sées jusqu'aux coudes, passe sa devanture au
blanc de céruse et manie habilement le pinceau
sans perdre un coup de langue.

Même date.

Ce soir, près du port, trois enfants, deux
toutes petites filles et un tout petit garçon,
s'escriment à porter un panier dans lequel il
y a un poisson plus gros qu'eux. Nous les
suivons, par désœuvrement, pour voir. Les

fillettes ont cinq ou six ans, le garçonnet quatre. Elles sont bien mignonnes : de beaux yeux noirs très vifs, très rieurs, des petites bouches mutines avec des fossettes dans les coins quand elles sourient, et, dans leurs longues robes à la mode du pays, l'air entendu de ménagères qui vont au marché. Ce sont elles qui portent le panier et, derrière, les mains dans les poches de ses petites braies, les cheveux embroussaillés, le garçonnet trottine pieds nus.

Tous trois entrent à l'*Hôtel des Bains* et offrent leur poisson. L'hôtelier regarde la bête et secoue la tête.

Non, il n'en a pas besoin. Ce sera pour une autre fois. Les deux petites reprennent leur panier et se remettent en marche très vite, le garçonnet toujours derrière, la mine un peu longue.

Une dame s'approche.

— Quel poisson avez-vous là ?

— Un *lieu*, Madame.

— Et ça coûte combien ?

— Vingt-cinq sous.

Vraiment ce n'est pas cher, car le poisson est énorme et il doit être bien bon.

A mon tour :

— Qui est-ce qui l'a pris, votre poisson ?

— C'est mon père, Monsieur, il l'a pris cet après-midi dans la mer.

— Eh bien ! bonne chance.

La dame met deux sous dans la main de la plus petite, qui devient aussitôt pourpre de plaisir, et les voilà tous trois repartis au galop avec le grand poisson qui danse dans le panier.

Nous les suivons toujours. Ils courent frapper inutilement à la porte de plusieurs maisons de belle apparence, puis soudain s'arrêtent devant une chaumière blanchie à la chaux. Sur le seuil, une femme très proprette sous sa coiffe blanche, la figure pâlie, — la mère, sans doute. Les petites lui expliquent quelque chose avec une grande volubilité, tenant toujours le panier d'une main et gesticulant de l'autre, tandis que le petit garçon approuve de la tête, comme un témoin qui a vu les choses dont on parle.

— Ya, ya, mammik, nous avons été là, et puis là, et puis là, encore... et ils ont tous dit qu'ils n'en voulaient pas, parce qu'ils en avaient déjà... et puis, regarde, mammik... c'est une dame qui m'a donné deux sous.

Elle sourit, la mère, et du geste elle indique encore une maison où il faut aller, là-bas, tout au bout de la rue. C'est un hôtel, le *Grand Figuier*. Les trois enfants se dirigent de ce côté; mais, au moment où ils vont franchir le seuil, une servante leur fait signe que c'est inutile, et alors ils s'arrêtent au milieu de la rue, indécis, avec de petites mines penaudes, regardant alternativement la porte qu'on vient de leur fermer au nez et le gros poisson aux écailles d'acier qui dort au fond du panier, la gueule ouverte, sur un lit d'herbes marines.

Tout à coup, l'aînée relève la tête. Une idée lui est venue sans doute. Elle la dit très vite à sa sœur.

La maison blanche !... oui, c'est cela, la maison blanche.

Cette partie engagée entre ces trois enfants et la guigne nous intéresse au plus haut point. Réussiront-ils à vendre le beau poisson que le père vient de prendre dans la mer ? Vingt-cinq sous... en vérité, c'est pour rien. Ces hôteliers ont le cœur bien dur. Et puis, c'est fête demain, la fête de l'Assomption. Et lundi, c'est le Pardon de Roscoff.

L'auberge de la *Maison Blanche* est hors de ville. Tout à coup, nous en voyons sortir les enfants. Cette fois, on agite le panier et l'on nous fait de grands signes de triomphe.

— Oui, vendu, il est vendu !

— Vingt-cinq sous ?

— Oui, vingt-cinq sous.

— Hip, hip, hip, hourrah ! crie Bully en lançant sa casquette en l'air.

Deux dames anglaises, qui, en prévision de l'insuccès, avaient préparé quelques gros sous, les distribuent quand même pour fêter l'heureux événement. Et il faut voir les petites joues s'allumer et les fossettes se creuser, et,

tout près, la mère qui attend dans l'embrasure
de sa porte et qui rit, elle aussi, avec un grand
bonheur dans les yeux.

12 août.

Toute cette côte de Bretagne est formidablement hérissée d'écueils. C'est ici qu'il faut
venir se rendre compte du travail de démoli-
tion entrepris par l'Atlantique. A vrai dire,
nous ne pouvons pas le contrôler avec certi-
tude, parce que nous comptons par jours,
alors que la mer compte par siècles; cependant, la grande ouvrière veut bien nous permettre quelquefois de la surprendre en plein
labeur et elle se moque des procès-verbaux
rédigés par les savants qui l'attrappent en
flagrant délit de violation de frontières ou de
déplacement de bornes. Un jour, elle détache
du continent un territoire mal gardé qu'elle
emprisonne à plusieurs lieues de la côte afin
de pouvoir le dévorer à son aise sans inter-
rompre sa besogne, et les géographes no-
tent ce petit incident sur la carte, avec cette
courte mention : Ile de Jersey, Ile de Batz,
Belle-Ile, etc. Un autre jour, elle couvre de
sable une plaine fertile et sème des méduses
là où l'homme avait eu la naïveté de planter
des choux, croyant à la bonne foi de dame
Nature, cette éternelle chicaneuse, qui ne
passe jamais de contrats que pour augmenter
le nombre des dupes.

La mer a non seulement la force, elle a encore la ruse. Quand la position est trop fortifiée, elle la tourne.

Dans ce corps à corps, elle a rarement le dessous. Pourtant, il lui arrive aussi d'être battue à plate couture, comme Planchet lors de la première aux Corinthiens (voir Alexandre Dumas); mais c'est lorsque les Roscovites s'en mêlent, comme le témoigne l'histoire suivante, que m'a contée aujourd'hui M. le recteur de l'île de Batz, un digne ecclésiastique à qui j'ai fait visite et qui m'a charmé par sa modestie autant que par sa science.

Il faut vous dire qu'autrefois — oh! il y a bien longtemps, dix ou onze siècles au moins — Roscoff ne se trouvait pas où il est à présent, mais plus au sud, sur la bouche de l'Aber, et qu'il s'appelait alors Roscogos. Ce n'était qu'un village de pêcheurs vivant de la mer, c'est-à-dire de poissons et d'épaves. Il paraît même que, lorsque ces dernières manquaient ou se faisaient rares, les Roscogosiens savaient le moyen de s'en procurer quand même en allumant des feux qui engageaient les navires à venir se briser sur les rochers de ces aimables parages.

Leur complice, la mer, se chargea hypocritement de les punir tout en faisant ses propres affaires : elle ensabla leur port. Furieux, les Roscogosiens jurèrent de se venger et de sai-

ur pour cela la première bonne occasion qui
se présenterait.

Deux ou trois siècles se passèrent. La mer,
narquoise, continuait ses petites opérations,
grignotant la côte, rongeant l'île à la barbe
du Roscogosien, réduit à faire le poing dans
sa poche en attendant l'heure de la ven-
geance.

Sur ces entrefaites, un vaillant Breton, l'a-
miral Jehan de Penhoët, vint former, à l'abri
de l'île de Batz, une flottille de trente navires, avec laquelle il alla surprendre un beau
matin quarante vaisseaux anglais qui dan-
saient près de la pointe St-Matthieu. Les
danseurs pris ou coulés à fond, Jehan de
Penhoët revint mouiller près de l'île, et il y
eut grande joie en Roscogos et dans tout le
Léon, de Morlaix jusqu'à Brest.

Cette belle victoire donna aux pêcheurs le
goût des aventures maritimes. D'ailleurs, le
métier de naufrageur devenait de plus en
plus difficile depuis que la justice prenait
l'habitude de faire brancher ceux qui l'exer-
çaient. Donc, puisqu'il n'y avait plus rien à
glaner sur les côtes, il fallait aller chercher
fortune en pleine mer, comme Jehan de Penhoët.

Oui, mais, pour cela, un port était indispen-
sable. Que faire ? Les Roscogosiens prirent
une résolution énergique. Ils plantèrent là
leur bourgade et vinrent s'établir plus haut,

de l'autre côté de la presqu'île, où, sans perdre de temps, ils se mirent à l'œuvre, bâtirent une nouvelle ville qu'ils appelèrent Roscoff en souvenir de l'ancienne, et commencèrent la construction d'une jetée qui devait protéger leurs navires contre les colères des grandes houles. La mer, occupée à démolir les cabanes pourries de l'Aber, ne s'aperçut du manège des Roscovites que lorsqu'il était trop tard. Quand elle voulut se ruer sur le nouveau port, la jetée de granit lui barra le passage et ce fut au tour du Roscovite de rire dans sa barbe.

Grâce à sa situation exceptionnelle, Roscoff se développa rapidement, se mit à l'aise, eut sa marine, ses armateurs, ses corsaires, ses commerçants, et noua des relations avec l'Espagne et le Portugal. En moins de trois quarts de siècle, la nouvelle cité acquit d'énormes richesses et une réputation qui s'étendait bien au delà des frontières du Léon. Cela n'allait pas sans un peu de jalousie de la part des voisins.

Ceux de St-Pol, surtout, en jaunissaient de dépit, à l'ombre du Creizker, et ceux de Morlaix ne voyaient pas sans inquiétude grandir cette Carthage bretonne qui menaçait de tout accaparer.

Mais les Roscovites n'y prenaient point garde, et chaque année ils lançaient de nouveaux bâtiments sur la mer de Bretagne,

qu'ils appelaient avec orgueil la mer de Roscoff, habitués qu'ils étaient maintenant à ne
douter de rien.

Les Bretons sont très catholiques et les
Roscovites sont très Bretons. Ayant mis
leurs intérêts matériels à l'abri de toute surprise, ils songèrent au spirituel. En ce temps-
là, Roscoff dépendait de la paroisse de St-
Pol, siège de l'évêché et résidence des comtes
de Léon. Sachez, pour votre gouverne, que
l'évêque et le comte étaient une seule et
même personne, ce qui fait qu'en Léon le
temporel et le spirituel vivaient généralement côte à côte, dans la plus touchante har-
monie. Vous riez parce que je dis généralement ; mais, attendez un peu, et vous verrez
bientôt que ce n'est point une simple manière
de parler.

Jusque-là, Roscoff ne possédait qu'une
chapelle moussue, au milieu d'un champ de
genêts et de bruyère, une pauvre petite chapelle sans clocher, sans vitraux, sans desser-
vant à demeure, sans reliques, ce qui était
une grave injustice, puisque le grand St-Pol
Aurélien était mort en l'île de Batz, comme
qui dirait sur territoire roscovite. Chaque dimanche, un prêtre du Creizker ou de Notre-
Dame de St-Pol venait, à la vérité, dire la
messe à Ste-Barbe — c'était le nom de la petite chapelle moussue, — mais il ne pouvait
y célébrer aucun des autres sacrements, et

quand un Roscovite naissait, se mariait ou s'avisait par hasard de faire voile pour le mystérieux pays d'où jamais marin, même bretonnant, n'est revenu, il fallait aller à St-Pol.

Vous comprenez que cela faisait perdre beaucoup de temps et coûtait gros, sans compter que les Saint-Polais, montant sur leurs ergots comme des coqs de Quimper-Corentin, ne manquaient jamais de dire en telle occurrence :

— « Eh ! paroissiens de Ste-Barbe, pourquoi vos cloches ne vont-elles point à Rome, en Carême ? »

Vous devinez combien ces moqueries remuaient la bile roscovite et que ça ne pouvait durer plus longtemps.

Donc, un dimanche, vêpres dites, les gens de Roscoff s'assemblèrent, et, séance tenante, décidèrent qu'ils auraient une église à eux, une vraie église, avec cloches et clocher, vitraux, reliques et tout ce qui s'en suit. Quelques exaltés, rapportent les Chroniques, demandaient même une cathédrale avec deux tours plus hautes et plus ajourées que celle du Creizker. Les gens de bon sens, — il y en a toujours eu à Roscoff depuis l'époque des menhirs et des dolmens, — calmèrent cet enthousiasme en remarquant qu'une cathédrale n'allait pas sans chapitre et sans évêque, et que, pour obtenir à Rome toutes ces choses, il faudrait au moins deux siècles, sinon plus.

Ceci se passait en l'an de grâce 1501. Pour bâtir une église, il fallait la permission de l'évêque. Les Roscovites s'adressèrent donc à celui de Léon, qui, dès les premières ouvertures, jeta les hauts cris et refusa net.

Dame ! Sa Grandeur craignait de trop mécontenter son clergé et ses bons paroissiens saint-polais, habitués à empocher quelques-uns des beaux doublons d'or que les hardis marins allaient pêcher sur toutes les côtes de France, d'Espagne et d'Angleterre. Cependant, les Roscovites ne se découragèrent pas. Ils revinrent à la charge, insistèrent, prièrent, menacèrent de porter leur cause devant le pape, de se faire Turcs, bref, firent tant et si bien que l'évêque dut se rendre, ce dont les Roscovites eurent grande joie et les Saint-Polais grande vergogne, assure la Chronique.

L'église accordée, il s'agissait de trouver un emplacement convenable et de se mettre à l'œuvre sans retard ; mais, ici, une difficulté inattendue se présenta. Les terres de Léon appartenaient au comte et nul ne pouvait en disposer sans son consentement. Or, si l'évêque, cédant à des scrupules religieux, avait pu se résoudre à donner ce qu'il ne pouvait décemment refuser, le comte, obéissant à des sentiments d'ordre matériel, avait le droit

d'empêcher la construction de l'église et il
en usa, faisant assavoir à Messieurs les bourgeois de Roscoff qu'il navrerait à mort le
premier qui s'aviserait de remuer une motte
de terre.

Grande fut cette fois la consternation dans
tout le pays qui va de la chapelle Ste-Barbe
au rocher de Roch-Croum, sur la bouche de
l'Aber. Que faire ? Le spirituel se rattrapait
sur le temporel, et il devenait évident que le
comte obéissait aux suggestions de l'évêque.
C'était grave. Déjà ceux de St-Pol triom-
phaient.

— Eh ! paroissiens de Ste-Barbe, pourquoi
vos cloches ne vont-elles point à Rome, en
Carême ?

— Elles y iront, répondirent les Roscovites,
nous le jurons par la barbe du prophète !

On le voit, l'idée de passer à l'islamisme
avait fait des progrès. Après tout, dit la
chronique, il n'y avait peut-être là qu'une
formule sans importance, rapportée d'une ex-
pédition de Barbarie. Toujours est-il que les
Roscovites avaient leur idée.

— La terre est au comte, dirent-ils, mais
la mer est au bon Dieu, qui la donne à tout
le monde. Nous bâtirons notre église en mer.

En volant l'île de Batz au continent, la mer
avait oublié un gros rocher à une cinquan-
taine de toises de la côte. On l'appelait Croaz-
batz — la croix de Batz — à cause d'un petit

calvaire que les prêtres y avaient élevé pour
le mettre à l'abri des atteintes de la grande
voleuse. Les Roscovites le relièrent à la presqu'île par un terre-plein solidement assis sur
une base de granit, et, ce travail préparatoire
achevé, ils creusèrent les fondations de
l'église. Cela leur procurait une double satisfaction, puisqu'ils jouaient un bon tour au
comte-évêque, tout en prenant sur la mer une
revanche dont on parlerait longtemps en
Léon.

Naturellement, le comte protesta : les Roscovites le laissèrent protester. Il leur fit un
procès : les Roscovites plaidèrent. Et, pendant que le parlement de Bretagne exami-
nait l'affaire et barbouillait force papier,
l'église montait, montait toujours, à tel point
qu'un dimanche de Pâques ceux de St-Pol,
entendant un grand carillon du côté de
Roscoff, accoururent en foule et furent
horrifiquement vexés d'ouïr les Roscovites
criant :

— « Eh ! bons paroissiens de Penpoul, les
voilà revenues de Rome, les cloches de Roscoff. Chantent-elles assez clair ? »

Même date.

Ces petites villes bretonnes sont vraiment
originales. Ici, les rues n'ont pas de noms,
les maisons pas de numéros, et les boutiques
sont généralement veuves de leurs bouti-

quiers. L'adjoint, un homme charmant dont j'ai fait la connaissance, et qui a bien voulu mettre à ma disposition les achives de sa commune, m'a recommandé d'aller voir Robinaud, « l'ami d'Alexandre Dumas ».

— Depuis que l'illustre romancier a parlé de lui dans un de ses livres, Robinaud est devenu un personnage à qui tout étranger doit une visite. Vous savez, c'est le coiffeur...

A ce mot de coiffeur, j'ai dressé l'oreille ; mais, l'adjoint insistant, j'ai promis d'aller rendre mes devoirs à Robinaud. Il paraît que ça fait partie des curiosités de Roscoff.

Nous voilà donc en quête de Figaro II, et, après une demi-heure de recherches, nous finissons par découvrir, au-dessus d'une porte basse, deux paires de ciseaux en sautoir, avec cette inscription : Robinaud, perruquier.

Voilà notre affaire.

Un corridor sombre. Au fond, à gauche, la porte d'un débit de boissons ; à droite, une autre porte ouverte donne accès dans une petite pièce basse, mal éclairée. Une cuvette sur une table, une serviette chiffonnée, un gros morceau de savon, quelques chaises dépaillées, une odeur d'alcool et de moisi.

Mais le barbier, où est le barbier ? Je tousse, j'appelle, je cogne... personne. A la fin, une vieille femme sèche et revêche arrive pourtant qui nous demande ce que nous voulons.

— Robinaud! Robinaud!

— Il n'est pas là, Robinaud.

— Quand sera-t-il là?

— A cinq heures.

— Bon, je reviendrai.

A cinq heures très précises, nous sommes de nouveau tous rassemblés dans la petite pièce basse et, après de nouvelles investigations, nous mettons la main sur la vieille femme sèche et revêche, à qui nous redemandons Robinaud.

— Il est pas là, glapit la vieille.

— Alors, allez le chercher.

— Pourquoi faire?

— Pour me raser, sac à papier!

Deuxième ahurissement de la vieille et deuxième explication, de laquelle il résulte que nous devons revenir demain à dix heures.

Va pour demain.

Même date.

De la terrasse de l'hôtel, ce soir. La mer est laiteuse, opaline, irisée, avec des reflets d'or. Du milieu de cette blancheur sortent des écueils entourés d'une ceinture de rouille verdâtre, formée par les goëmons. Pas le moindre souffle d'air, pas une ride, aucune frange d'écume autour des rochers. Sur tout cela, un ciel blanc et or avec de légères vapeurs lilas. Une marine de fantaisie, imaginée par un tapissier du premier Empire.

Samedi, 14 août.

Visite à l'ile de Batz. -

Du rivage, nous la voyons devant nous, allongée sur les flots de la Manche comme une gigantesque tortue, profilant sur le ciel pâle son phare, son clocher et les ailes de son moulin à vent. Le chenal qui la sépare de la terre ferme est réputé dangereux; aussi Joanne, toujours prudent, conseille-t-il aux touristes de ne s'y aventurer que par un temps irréprochable. Pour bien comprendre la valeur de cette recommandation, il faut voir le chenal quand la marée est basse. Il a vraiment alors un air rébarbatif avec ses rochers émergeant à peine et son courant qui, à la moindre contrariété de l'atmosphère, prend une teinte sinistre.

Il est deux heures, la mer est basse et la *Marie-Victoire*, qui doit nous transporter de l'autre côté, se balance gracieusement à une demi-encablure.

La grève est fort animée. Un monsieur, efflanqué et correct, joue au lawn-tennis avec une grosse dame rouge qui paraît trouver le jeu prodigieusement essoufflant, bien qu'un petit Roscovite soit chargé de ramasser la balle ; plus loin des enfants qui pêchent la crevette piaillent sur les bords des flaques comme une volée de moineaux ; plus loin encore, trois demoiselles assistent aux exploits d'un crabe enragé, qu'un jeune homme dresse à tenir une ombrelle. Bully, que la scène délecte, pousse des rugissements de joie et nous déclare net qu'il ne rentrera au collège qu'avec un crabe dans sa valise.

Avant d'atteindre le canot qui doit nous transporter à bord de la *Marie-Victoire*, mouillée là-bas sur son ancre, nous nous livrons à une gymnastique effrénée en sautant de rocher en rocher, au risque de glisser sur les varechs qui les tapissent et de faire un plongeon involontaire, pas désagréable du reste, comme je le constate à deux reprises. Nous voici maintenant sur la *Marie-Victoire*, très jolie, très coquette sous ses trois voiles rouges. On attend un moment avant de lever l'ancre, parce que le patron a vu venir de loin M. le recteur de l'île, sa soutane retroussée et ses souliers à la main. M. le recteur, suivi d'un magnifique Terre-Neuve, ne tarde pas à embarquer. Sous la brise, la *Marie-Victoire* s'incline à babord et au milieu d'écueils blanchis à la chaux, nous glissons avec une vitesse qui donnerait à réfléchir si l'on ne sentait pas que le gouvernail est aux mains d'un pilote habile. Au beau milieu du chenal, sur un signe du curé, le Terre-Neuve saute à la mer et nous suit en nageant.

Brave bête ! quand elle se rapproche, nous l'entendons respirer bruyamment et rejeter avec un sifflement l'eau avalée. Enfin nous abordons. Une fois à terre, nous enfilons une longue jetée, qui nous amène au milieu de quelques chaumières éparses.

Pas un arbre, pas une fleur; çà et là, quelques pauvres cultures. Devant une des chaumières deux maigres tamaris donnent l'illusion d'un peu d'ombre. Il fait une chaleur atroce. Nous nous engageons dans un sentier à peine tracé et nous ne tardons pas à déboucher sur la grand'route de Batz. Peu large la grand'route, et joliment raboteuse, desséchée, durcie, cuite par le soleil. La poussière craque sous nos pieds. Toujours les mêmes petites habitations basses. Des femmes, agenouillées en cercle au beau milieu du chemin, obstruent le passage. Accomplissent-elles quelque dévotion, quelque vœu bizarre?

Non, vraiment, elles frottent entre leurs paumes de gros épis de blé dont les grains roux s'entassent dans la poussière. Quand nous passons, elles nous regardent curieusement. Il y en a de vieilles aux cheveux crêpelés, embroussaillés, aux yeux noirs, à l'air rude, un peu sauvage. Le chemin monte insensiblement et la chaleur serait intolérable si de temps en temps une bouffée de brise marine ne venait rafraîchir nos fronts en sueur. Un petit garçon, pieds nus, les mains dans les poches de sa culotte toute rapiécée, trottine devant nous et comme nous sommes

arrivés à un carrefour et, que nous hésitons,
il s'arrête aussi.

— Comment t'appelles-tu ?

— Joseph Kossien.

— Veux-tu nous conduire au phare ?

Et, sur sa réponse affirmative, nous partons avec lui. Chemin faisant, nous bavar-
dons.

— Est-ce que tu vas à l'école ?

— Oui, un peu.

Il sait lire et il est enfant de chœur.

Nous traversons l'île dans toute sa largeur, ce qui nous prend à peu près vingt minutes. La partie orientale de Batz est mon-
tueuse. On ne peut voir de rochers plus
bizarrement groupés, plus anguleux, brisés,
déchiquetés. On dirait d'un paysage fou-
droyé.

Le phare est de première classe. Nous
atteignons la galerie extérieure à quarante
mètres au-dessus du sol, par un escalier de
deux cent huit marches tournant autour du
puits. Tout est d'une minutieuse propreté et,
là-haut, le gardien, un vieux à moustache
grise, nous accueille avec la grosse bonho-
mie des gens de mer, nous fait gravir l'é-
chelle de fer très raide par laquelle on pénètre dans la lanterne, nous explique le jeu
des réflecteurs et des monstrueuses lentilles
dioptriques à échelons qu'il met en branle

pour nous montrer comment ça marche, nous ramène sur la galerie où la brise est très forte et là nous indique du doigt un des grands cuirassés de l'escadre de la Manche, fuyant au large dans la direction de Cherbourg, poursuivi par un torpilleur que nous ne parvenons pas à distinguer.

— Ce sont les manœuvres, dit-il. Tenez, 'e torpilleur est maintenant à la hauteur de la pointe Gleguer. Il va passer devant les mâts de la *Vendée*.

— Les mâts de la *Vendée !*

— Mais vous ne savez donc pas ?... Regardez, là-bas, à gauche, près de ce rocher.

En effet, nous apercevons deux mâts inclinés, immobiles, près d'un écueil noirâtre, autour duquel la mer brise avec fureur.

— C'est tout ce qui reste de la *Vendée*, Monsieur, un beau navire de Nantes, qui, le 3 février 1889, allant de Bordeaux au Hâvre avec une cargaison de vin et dix-huit hommes d'équipage, se perdit en plein jour sans qu'on pût lui porter le moindre secours. Une terrible journée, allez, monsieur.

— Et l'on n'a pu sauver personne ?

— Personne. Que voulez-vous, la mer était si grosse qu'elle envoyait son embrum jusque sur cette galerie. J'avais aperçu la *Vendée* la veille déjà, qui était un dimanche. Elle luttait péniblement contre des vagues énormes, qui la balayaient de l'avant à l'arrière. On lui fit des signaux, qu'elle ne vit ou ne comprit pas. Le navire paraissait très fatigué; peut-être aussi son gouvernail n'obéissait-il plus. Le lendemain, il reparut vers les dix heures. Loin de se calmer, la mer était plus mauvaise encore. J'ai cinquante-six ans, monsieur, et je suis né sur ces côtes, eh bien! je n'ai pas souvenance de l'avoir jamais vue dans cet état. A deux heures de l'après-midi, toute la population de l'île était sur la plage et nous autres aussi, parce qu'il était impossible de se tenir sur la galerie. La mer jouait avec le navire comme un chat avec une souris et c'était évident qu'il ne gouvernait plus. Par intervalles, nous l'apercevions dansant sur la crête des vagues, puis, subitement, il plongeait à pic et nous disions: C'est fini maintenant. Bah! il reparaissait, tantôt plus près, tantôt plus loin... Nous lançâmes le bateau de sauvetage, monté par les hommes les plus courageux de Batz: ils ne parvinrent pas à doubler la pointe. Eussent-ils réussi que pas un ne serait revenu. Inutile aussi le canon porte-amarre, qui n'a, du reste, qu'une portée de cent soixante mètres environ, alors que le navire était à plus de trois cents. Il n'y avait rien à faire et nous vîmes bien que la *Vendée* allait se perdre. Avec un pilote expérimenté, connaissant cette partie de la côte et un bon gouvernail, le bateau s'en fût tiré peut-être... Enfin, c'était son sort... A trois heures, les vagues devinrent encore plus effrayantes, le vacarme d'enfer redoubla et nous aperçûmes le navire soulevé par une lame, à une hauteur prodigieuse, et puis tout à coup il s'abîma sous nos yeux, presque à portée de la main,... Ah! quelle journée! On ramassa les corps le lendemain sur la grève, mais pas tous, et on les enterra. Un matelot de la *Vendée* avait réussi à se réfugier de l'autre côté du rocher, où on le retrouva mort de fatigue et de froid. Dans cette même nuit épouvantable, un brick hollandais fut jeté sur des écueils au nord de l'île, à un coup de fusil du phare, et cassé en deux, net. Tout l'équipage périt... Pas plus de l'île que du phare, on n'avait rien remarqué, rien entendu, rien soupçonné.

Il est cinq heures. C'est le moment de partir. La *Marie-Victoire* nous attend tout près de là, ses voiles rouges gonflées par la brise. En chemin, nous rencontrons le recteur. Toujours très aimable, il veut nous faire les honneurs de son église, que nous connaissons déjà, du reste. Pourtant, je vois bien qu'en refusant nous ferions de la peine à ce brave homme. Jeune encore, d'une physionomie avenante, M. le recteur, de temps en temps, regarde notre Ecossais en knicker bockers et, au sourire qui effleure ses lèvres, on devine qu'il flaire en ce petit homme un grand hérétique.

— Eh bien! M. l'abbé, êtes-vous content de vos ouailles ?

— Oh! oui, monsieur, la population de l'île est très soumise, sauf les marins; j'entends ceux qui naviguent au long cours. Partis croyants, ils nous reviennent incrédules. Mais, en somme, je n'ai pas à me plaindre.

Nous voilà dans l'église, une jolie petite église à la voûte peinte en bleu, parsemée d'étoiles d'or. Devant l'autel, l'abbé s'agenouille un instant et quand il se relève, son terre-neuve est à côté de lui secouant son poil encore humide du bain pris tout à l'heure. L'abbé le gronde amicalement tout en le caressant de la main.

— On ne se secoue pas ici, mon cher... c'est inconvenant. Allons, allons, tu es une brave bête quand même et je te permets de venir avec nous.

Une fois dans la sacristie, le curé exhibe ses trésors. Ils ne sont pas nombreux; mais ils n'en ont que plus d'importance à raison de leur authenticité et de la haute réputation dont ils jouissent dans toute la Bretagne. C'est d'abord l'étole de St-Pol Aurélien, une magnifique étole faite d'un tissu byzantin, présentant, sur un fond bleu broché de blanc et de jaune, une suite de cavaliers affrontés, coiffés d'une sorte de turban et tenant un faucon sur le poing. Quand saint Pol aborda autrefois à l'île de Batz, celle-ci, assure la légende, était en proie aux ravages d'un horrible dragon. Le grand saint, après s'être mis en prière, passa son étole au cou du monstre, auquel il ordonna de se précipiter à la mer, du haut d'une falaise qui porte aujourd'hui le nom de *Toul ar sarpant* (le trou du serpent).

Après l'étole, il nous faut admirer des Notre-Dames en bois peint, sculptées par de naïfs artistes. Une de ces Vierges a une belle tête expressive.

— C'est la préférée, nous dit M. le recteur. Jamais mes paroissiens ne consentiraient à se passer de celle-ci et il me faut la leur montrer au moins une fois par mois, autrement, cela n'irait pas.

Voyant que je prends intérêt à toutes ces choses, le bon curé, après un instant d'hésitation, tire une petite clef de sa soutane et me dit d'un air confidentiel : J'ai encore quelque chose là; mais je ne sais vraiment si vous...

— Oh! monsieur le curé: je vous en prie!

Alors, il se décide, ouvre un coffret et en retire une ferraille qu'il pose sur la table. C'est une barre d'environ 60 centimètres, garnie à l'une de ses extrémités d'un fragment de chaîne et, à l'autre, d'un écrou qui retient deux demi-anneaux glissant le long du fer et dans lesquels on emprisonnait les pieds

des captifs. Et suivant sur nos figures l'effet
de ses paroles, il nous conte la légende d'un
marin de l'île de Batz, tombé entre les mains
des pirates d'Alger et qui, condamné à mort
pour avoir tenté de convertir à la vraie reli-
gion ses camarades de chaîne, fut miraculeusement sauvé par Notre-Dame.

— Oui, lorsque, le lendemain, les bour-
reaux pénétrèrent dans la prison, ils ne le
trouvèrent point. Pendant la nuit qu'il avait
passée à réciter son chapelet, deux anges
l'avaient enlevé et étaient venus le déposer
sur l'autel de Notre-Dame d'Auray en Batz,
où les fidèles purent le contempler encore
tout enchaîné. Ceci se passait le 15 août, jour
du grand Pardon, et ces fers sont le témoignage éclatant du miracle.

Le bonhomme débite sa légende d'un air
assez convaincu. Ce qu'il regrette, c'est que
l'évêque ne lui permette pas d'exposer sa
ferraille aussi souvent qu'il le voudrait. Entre
nous, je crois bien que Monseigneur de
Quimper a ses motifs.

— Après tout, soupire le digne curé, vous
savez, c'est la tradition.

Je remercie et nous nous en allons, empor-
tant le souvenir d'un excellent homme, tout
fier de sa petite église et de ses humbles reliques. Le terre-neuve, qui a écouté l'histoire
du marin avec beaucoup de componction, assis sur son train de derrière, sort en même

temps que nous, heureux de se dégourdir les pattes au grand soleil.

Dix minutes plus tard, nous sommes à bord de la *Marie-Victoire*. Sur le rivage, une femme lave son cochon dans la mer. Elle le tient par la queue et le frotte vigoureusement. Quand la toilette est terminée, l'autre s'échappe et, les pattes en l'air, se vautre dans le sable pour se sécher.

Même date.

Les Roscovites ont conservé quelque chose de la farouche fierté de leurs ancêtres. Chaque jour, une vieille femme à l'air maussade apporte des journaux à l'hôtel ; mais pour en obtenir un, il faut user de toutes les ressources de la diplomatie la plus raffinée. Je désirais lire le *Temps*. A ma première requête, on me présenta une plume, du papier, et je dus inscrire mon nom, mon prénom et ma qualité.

— Voilà qui est bien, vous aurez votre *Temps* demain matin. Je me confondis en remercîments, ayant lu, je ne sais plus où, que, pour obtenir quelque chose d'un Roscovite, il fallait commencer par là.

Le lendemain, je me présente au bureau de l'hôtel.

— Et mon journal ?

— Désolée, cher monsieur, mais la marchande l'a oublié.

Ce sera pour demain.

Je remercie encore et, le jour suivant, à l'heure convenue, je réitère ma demande à laquelle on fait la même réponse.

Je sentais la moutarde me monter au nez ; pourtant, comme j'avais grande envie de savoir si la terre tournait toujours, je protestai de ma reconnaissance, ajoutant que j'étais sincèrement fâ hé des ennuis que je causais à madame la marchande de journaux. Dans l'après-midi, ma bonne étoile me met nez à nez, au détour d'une rue, avec l'intéressante créature chantée par François Coppée :

— Mon journal, madame, s'il vous plaît.

— Votre journal, je ne l'ai pas.

— Mais, madame, vous me l'avez promis.

— Moi, allons donc.

— Enfin, madame, voulez-vous me l'apporter, oui ou non ?

— Eh ! pourquoi pas ?

— Merci, madame.

Or, ce matin, au bureau, toujours la même réponse négative et j'apprends que la marchande de journaux se trouve gravement offensée. Il paraît qu'elle a dit à la dame du comptoir :

— Ce Parisien a été hier très grossier et j'aurais son journal que je ne le lui donnerais pas.

Il ne me reste plus qu'à faire un pèlerinage à Notre-Dame d'Auray.

Sur la plage. Une Anglaise réclame une cabine et n'en pouvant obtenir aucune, s'éloigne de quelques pas, après une longue attente. Soudain, une des cabines s'ouvre. L'Anglaise, qui voit cela, se précipite, mais arrive trop tard, la gardienne ayant déjà poussé quelqu'un dedans. A la pauvre dame qui se plaint amèrement, la loueuse répond d'un ton bourru :

— Pourquoi que vous avez f... le camp ?

La fille d'Albion, effarée, renonce à la cabine et va philosophiquement se déshabiller derrière un rocher.

Dimanche, 15 août.

J'ai enfin vu Robinaud, le célèbre, l'illustrissime Robinaud, barbier émérite et collaborateur d'Alexandre Dumas. Et je vous prie de croire que Robinaud n'est pas la moindre des curiosités roscovites. Un grand vieillard de soixante-dix ans, les cheveux et la barbe très blancs, l'air vif, bon enfant, avec des regards en coulisse d'une impayable drôlerie. Perruquier, pêcheur et cuisinier, Robinaud a surtout une spécialité : la matelotte marinière. Quand l'auteur des *Mousquetaires* vint à Roscoff, en 1869, déjà souffrant du mal qui devait l'emporter au pays où les doctrines philosophiques ont la même valeur que les recettes culinaires, une de ses premières visites fut pour Robinaud.

— Alors, c'est donc bien vrai, Robinaud ?

— Si c'est vrai !... Tenez, je me trouvais dans ma boutique, comme aujourd'hui... Pourquoi que vous riez, farceur !... hein !... parce que vous ne m'avez pas vu hier... que vous croyez que je n'ai rien à faire ?... Faut travailler dans ce monde pour gagner sa goutte. Vous la buvez, vous, la goutte ?... Non ?... Eh ben ! vous avez tort, car ça fait du bien. Où donc que j'en étais ? Ah !... v'là qu'il entre.

— « Bonjour, qu'il me dit, c'est toi que tu t'appelles Robinand ?

— « Parbleu ! que je lui réponds.

— « Ça me fait plaisir tout de même. Combien que tu me demandes pour me raser deux fois par semaine ?

— « Trois francs par mois, c'est le tarif.

— « C'est cher... Enfin, faut que tout le monde vive : t'auras tes trois francs. »

— Eh ben ! vous le croyez pas, mais quand il partit, au bout d'un mois, il m'a mis deux louis dans la main en disant : Donnes-en un à ta femme et garde l'autre pour boire la goutte... C'était un vieux farceur, vous savez. Je l'aimais bien, lui. Quant à Littré, qui venait aussi à Roscoff... voilà. Un singe, vous savez, et jaune comme un citron... Un impie qui ne croyait à rien et qui disait toujours à sa femme : Dépêche-toi donc, tu arriveras trop tard à la messe ! Je vous mets un peu de goutte dans les cheveux, ça vaut mieux que du vinaigre. Dans son livre de cuisine, Alexandre Dumas a dit que je pleurais quand il s'en alla. Vous savez, c'est pas vrai. Pourquoi que j'aurais pleuré ?... Il m'avait donné deux rasoirs avec cet étui : voyez-vous ? c'est lui qui a fait imprimer dessus : *«A Robinaud, son ami Alexandre Dumas.»*

Le célèbre romancier vint en effet passer à Roscoff la saison de 1869. Il avait amené cinq secrétaires, tous du sexe féminin. Installé, près du port, chez le boulanger, il rédigea un manuel du parfait cuisinier, soignant tout particulièrement le chapitre du poisson, pour lequel la collaboration de son ami Robinaud lui fut des plus précieuse.

Même date.

C'est aujourd'hui jour du Pardon. Roscoff est très animé. Deux bonnes vieilles dames écossaises dont nous avons fait la connaissance grâce à l'entregent de Bully, nous ont offert une des fenêtres de la maison qu'elles habitent sur la place de l'église. Vers les deux heures, nous nous y accoudons. Le porche, par où doit sortir la procession, est en face. Nous serons donc aux premières loges.

En bas, la foule devient de plus en plus compacte. Ce sont des marins, très propres dans leurs grands cols tout frais, des gens

de la ville et de la campagne en vestes courtes, le menton rasé, ayant tous leurs chapeaux à fond plat garnis de rubans qui flottent par derrière, l'air de grands enfants, des
Bretonnes en petits châles noirs croisés sous
la bavette du tablier, puis, çà et là, de jolies
fillettes tout en blanc avec des couronnes
de roses et de longs voiles qui pendent jusqu'à terre.

Sous le porche, une vieille mendiante au
nez crochu joue de l'accordéon sans que personne y trouve à reprendre. En passant près
d'elle, les petites blanches couronnées de
roses s'arrêtent pour écouter *Madame Angot*
et disparaissent ensuite dans l'ombre bleuâtre
de la grand'nef au fond de laquelle on voit
briller les étoiles d'or des cierges allumés.

Maintenant, l'orgue gronde... Sous nos fenêtres, un camelot crie à tue-tête :

— Achetez les refrains patriotiques !... A
deux sous la feuille !

Les « refrains patriotiques » sont des
chansons grivoises : *Le moine et la Laitière,*
Le cas de Jean Nigaud, La belle Parisienne,
etc... En ce moment, un curé, grosse bedaine
et figure rougeaude, apparaît sous le porche
et, d'un geste indigné, commande à la vieille,
qui joue une mazurka, de déguerpir au plus
vite. Elle obéit, mais elle ne s'éloigne que de
quelques pas et recommence de plus belle
au milieu d'un groupe de campagnards et de

bonnes femmes tenant leurs nourrissons sur les bras.

Une bande de marins débouche joyeusement d'une rue latérale, bras-dessus, bras-dessous, en chantant. Ils ont déjà fait à Saint-Yves de très copieuses libations. Derrière eux, des mousses emboîtent le pas, copiant maladroitement les gestes et l'allure de leurs aînés. Les cloches se mettent en branle, l'orgue mugit une marche triomphale, et sur ce fond de musique sacrée se détachent les notes grêles de l'accordéon et la voix aiguë du camelot :

— Achetez les refrains patriotiques... A deux sous, les refrains, les bons refrains, les joyeux refrains !

La procession paraît et, avant de s'engager dans la rue principale de Roscoff, elle fait le tour de l'église. Un prêtre en chasuble ouvre la marche, suivi d'une troupe d'enfants qui portent des bannières ; puis c'est la communauté des Dames du Saint-Esprit et, derrière un diacre soulevant à deux mains un grand crucifix d'argent, tout un groupe de fillettes en robes blanches entoure une statuette de la Vierge à l'Enfant. Nous apercevons au col du petit Jésus le splendide rosaire en pierres précieuses offert par la reine Marie Stuart à l'église de Roscoff ; puis, c'est une longue théorie de femmes, robes noires et coiffes blanches, chantant les litanies, un chapelet à la main ; puis, un Père capucin à figure d'ascète ; puis encore huit solides gaillards en vestes noires, pantalons blancs et ceintures bleues, portant à bras, tête nue, la belle, la superbe, l'incomparable Notre-Dame de Croazbaz, à peine plus petite que nature, vêtue d'une robe de satin blanc ornée de dentelles de grand prix, d'un manteau de satin cramoisi et d'un long voile de tulle blanc qui fait autour d'elle comme un nuage. Par exemple, elle est bien roscovite, cette Notre-Dame de Croazbaz : énergique, impérieuse, le nez arqué, les yeux et les cheveux noirs, une opulente commère sachant se tirer d'affaire, vendre dix sous ce qui n'en vaut qu'un, habituée à voir chacun filer doux devant elle. Quand elle passe, ceux qui jusque-là étaient indifférents deviennent tout à coup fort sérieux et saluent avec les marques du plus profond respect.

Les cloches sonnent à toute volée, et par le portail grand ouvert, l'orgue envoie en bourrasque les dernières mesures de la marche triomphale.

Maintenant, c'est le clergé qui défile, et le soleil ardent de cet après-midi allume l'or des crosses et des mitres, avive les couleurs éclatantes des dalmatiques, des camails et des chapes. Enfin, c'est le peuple, hommes, femmes, enfants, pêle-mêle, chantant des cantiques, entourant les statues de Ste Anne, de St Yves, de Ste Barbe, de St Corentin, de toute la kyrielle des saints bretons. Ceci n'est pas la partie la moins pittoresque de la procession, mais ce n'est pas la plus édifiante non plus. Hélas! faut-il le dire ?... Après tout, c'est Noé qui a planté la vigne, et puis, en Bretagne, ce n'est qu'un péché véniel.

Quand la procession est passée, nous descendons dans la rue, où la vieille mendiante recommence à jouer de l'accordéon et le camelot à crier ses refrains patriotiques. Dans les rangs des fidèles, nous avons bien aperçu çà et là quelques marins, des vieux surtout; mais les jeunes comprennent autrement le Pardon. En voici quatre qui, à vingt pas de distance, suivent le cortège en se donnant le bras et chantent à tue-tête :

Sur l'air du tra lala,
Sur l'air du tra lala,
Sur l'air du tra deri dera,
Tra lala.

Cela ne cause aucun scandale. — On paraît trouver la chose toute naturelle. Tous les débits de boisson regorgent de buveurs attablés, qui fument, jouent aux cartes ou avalent de grandes rasades d'eau-de-vie. — Cependant, quand Notre-Dame de Croaz baz passe devant les fenêtres, il se fait soudain un grand silence et l'on dirait que tous ces ivrognes sont changés en statues.

Ce soir, une animation extraordinaire règne partout. Sur le port, à l'extrémité de la jetée, les matelots ont allumé des feux de Bengale, à la clarté desquels on voit apparaître fantastiquement la mâture et les agrès des navires à l'ancre. De là, nous allons sur la grève, près de l'hôtel des Bains. — On y danse en plein air, au milieu d'un cercle de curieux. Il est dix heures. La nuit est d'une douceur extrême. Trois falots sont suspendus à la vergue d'un petit mât, planté au milieu du cercle. Au pied du mât, une barrique, sur la barrique une chaise et, sur la chaise, un marin anglais jouant de l'accordéon, tandis que deux ship-boys marquent la mesure avec un triangle et un tambourin. Au son de cette musique originale, Bretons et Bretonnes s'en donnent à cœur joie, sous l'œil paterne d'un agent de police qui veille à ce que les spectateurs n'empiètent pas sur le terrain réservé. Ils sont bien là une trentaine. De grands gars bien découplés, mis en train par cette journée de soleil, de lumière vibrante, de cloches, enlèvent, dans un rythme sautillant, les jolies filles toutes roses sous leurs cornettes blanches, prenant garde à ne pas bousculer une bonne vieille grand'mère qui, dans un coin, danse à l'ancienne mode avec un petit mousse, les yeux dans les yeux, elle, toute ridée et souriante, lui, sérieux et naïf. — Devant la barrique, sous la lumière crue des

falots, un gentleman écossais, géant à barbe
blanche de patriarche, coiffé d'un chapeau
haute forme gris, en knickerbockers et bas
de laine à côtes, a pour vis-à-vis une longue et correcte Américaine, coiffée en boucles, et qui, le lorgnon sur le nez, exécute
un pas avec beaucoup de dignité.

Tout cela se fait sans cris, presque sans
bruit, sous un ciel très pur, parsemé d'é-
toiles, avec la mer roulant ses lames sur les
galets, et, à l'horizon, la carapace noirâtre
de l'île de Batz, illuminée de temps à autre
par l'éblouissante projection de son phare
tournant. — A minuit, la danse est terminée
et nous regagnons notre gîte par la grand'-
rue, où des pochards attardés louvoient silencieusement et nous saluent jusqu'à terre
quand nous passons. L'un d'eux nous offre
même du tabac, et comme nous refusons, il
nous souhaite *noz wad* (bonne nuit) avec
des larmes d'attendrissement dans la voix.
...Encore une bande de matelots raisonnable-
ment gris :

> Mon cœur n'est pas pour vous,
> Voyez-vous,
> Mon cœur est pour un autre.

Rentré chez moi, je reste longtemps à la
fenêtre à écouter au loin le murmure de la
mer et le frémissement de la brise dans les
petites rues étroites de la ville qui s'endort.

La plupart des constructions de Roscoff sont d'aspect sombre et bizarre. Beaucoup de portes basses et cintrées, de pignons, de mansardes ornées de gargouilles, de goules grimaçantes. Comme à St-Pol-de-Léon, tous les murs sont de granit noirâtre. Çà et là pourtant, quelques façades blanchies à la chaux font disparate. — Deux seules boutiques ont une apparence moderne : la pâtisserie et la pharmacie. Du côté de la mer, les cours et les terrasses sont protégées contre les vagues par de hautes murailles formant une enceinte de fortifications.

Toutes ces vieilles bâtisses sont étranges. Elles rappellent à la fois l'habitation du marin, du pêcheur, du négociant, et aussi la retraite mystérieuse du contrebandier. On n'aperçoit la mer que par d'étroites ruelles, disposées de distance en distance, comme pour servir à un commerce interlope.

Le fait est qu'autrefois les Roscovites ne se faisaient pas faute de tricher la douane. — De corsaire à contrebandier, il n'y a qu'un pas, et la disposition particulière de certains bâtiments prouve jusqu'à l'évidence que les Roscovites l'avaient franchi. De vastes caves, baignées à marée haute par le flot, servaient de débarcadère. Elles étaient surmontées d'un plancher mobile, ce qui permettait d'enlever en un clin d'œil les marchandises apportées dans les bateaux. La fraude pénétrait directement à domicile, et, le corps du délit une fois emmagasiné, le contrebandier redevenait négociant. M. Louis Pagnerre, à qui j'emprunte ce détail, ajoute que la contrebande, habilement organisée, a fait de bonnes affaires à Roscoff, et que plusieurs familles s'y sont enrichies.

Eh bien ! ce nid d'aigles s'est joliment transformé aujourd'hui. La civilisation, qui accomplit des miracles, a réalisé ici celui de changer en paisibles agriculteurs les hardis corsaires d'antan. Cette presqu'île sauvage n'est plus maintenant qu'un carré de choux. Derrière ces remparts altiers qui défiaient les coups de la grosse mer et les boulets de la marine anglaise, on cultive des brocoli, des asperges, des artichauts, des oignons et des pommes de terre qui font les délices des gourmets parisiens et des sujets de sa gracieuse Majesté britannique. Pour donner une idée de l'importance agricole de ce coin de terre, il suffit de savoir que, pendant la saison des légumes, la gare de Roscoff encaisse environ cent mille francs par mois. Je doute que la contrebande ait jamais rapporté cela.

Toute médaille a son revers, dit le proverbe. Ce petit pays serait un Eden potager, si l'on veut, mais paradis quand même, si la dive bouteille y était moins fêtée. A quoi bon le cacher? La Bretagne boit, et les Roscovites, qui ne restent jamais à mi-chemin, occupent une partie de leur existence à lamper de grands coups d'eau-de-vie.

Et quelle eau-de-vie, mes amis! Je l'ai goûtée, et je déclare ici solennellement que c'est bien la drogue la plus abominable qui se puisse rêver, un breuvage composite, fait de pétrole, de trois-six dénaturé, de poivre de Cayenne et de je ne sais quels ingrédients sortis des alambics de la sorcière Karavel. Et dire que les Roscovites vous avalent cela sans sourciller, par demi-litre, par litre même, en se pourléchant d'un air de satisfaction intime, comme si c'était l'élixir de longue vie, le vrai, celui qu'on cherche encore!

Après cela, vous allez croire que le Roscovite meurt jeune, qu'il est dégénéré, abâtardi, délicat, rachitique, souffreteux, incapable d'efforts énergiques ou de volonté?

Pas le moins du monde.

Ces gaillards-là deviennent très vieux, se conservent admirablement, sont toujours alertes et dispos et l'eau-de-vie ne paraît pas avoir plus de prise sur eux que les vagues de l'océan sur le granit de leurs murailles. Explique cela qui pourra.

Le Roscovite digère tout ce qu'il boit. Après avoir bu, il s'endort, et quand il se réveille, il est prêt à recommencer.

Du reste, les ivrognes ont ici un caractère particulier de douceur et d'honnêteté. Quand vous les rencontrez, ils vous saluent poliment, vous sourient et vous serrent la main si vous vous arrêtez. Chose curieuse, l'ivrognerie n'a pas sur ces côtes les mêmes inconvénients qu'ailleurs. Je ne citerai qu'un fait : On n'a pas enregistré à Roscoff une seule naissance illégitime depuis plusieurs années.

17 août.

Premier jour de pluie.

Elle n'a l'air de rien, cette pluie bretonne, fine, menue, donnant la sensation d'un brouillard très humide. Elle tombe silencieusement et, en moins de cinq minutes, nous voilà tous trempés jusqu'aux os. Quand elle dure, elle doit être joliment agaçante.

J'emploie une partie de ma journée à parcourir les archives de Roscoff, mises à ma disposition par la mairie. Elles ne remontent pas au-delà du dix-septième siècle et c'est grand dommage, car ce vieux nid de corsaires doit avoir une histoire bien intéressante.

Au temps de la Ligue, par exemple, Roscoff faillit être entièrement détruit par le fameux La Fontenelle, le plus abominable chenapan de toutes les Bretagnes. Sous le fallacieux prétexte que la ville prenait parti pour Henri IV, le sieur La Fontenelle, qui faisait du brigandage pour le compte de la Ligue, vint assiéger les Roscovites, mal gardés du côté de la terre, et réussit à pénétrer dans la place.

C'en était fait de Roscoff, sans l'héroïsme d'un de ses enfants, Christian le Pape.

Ce riche négociant avait une grande maison au quartier du Quélen (devant le port), et des bateaux étaient amarrés dans sa cave, que le flot baignait à marée haute. Il se barricada chez lui avec les principaux bourgeois de la ville, et soutint un siège de trois jours, pendant lesquels il fit subir à l'ennemi de nombreuses pertes. Voyant qu'il ne pouvait plus tenir, il déguerpit nuitamment avec son monde et se réfugia à l'île de Batz. Avant sa fuite, il avait fait enlever les supports du plancher mobile qui surplombait le sous-sol, de sorte que, le matin, les ennemis, ne trouvant plus de résistance, pénétrèrent en foule dans la maison. Le plancher s'effondra, et tous se noyèrent dans la cave. Ceux du dehors poussaient pour entrer, et venaient partager le sort de leurs compagnons. Profitant de cette mêlée, les Roscovites restés dans la ville vinrent à la rescousse et dispersèrent les survivants de la troupe de La Fontenelle.

Pour cette action d'éclat, Christian le Pape reçut solennellement les félicitations du roi de France. On peut voir encore aux archives de la mairie un portrait à la plume du Fra Diavolo breton.

Il pleut toujours.

Par la pluie, la Bretagne de Roscoff est d'une mélancolie noire. Ce brouillard d'eau

qui noie tous les contours, éteint toutes les
couleurs et donne la sensation de vivre au
milieu d'un aquarium, finit par vous entrer
dans la tête et par vous délayer la cervelle.
Les idées flottent confuses comme les agrès
des navires qui s'estompent là, tout près de
nous.

— *Glao a ra, monsieur !* (il pleut).C'est Yan,
le fils de la maison, employé au laboratoire
de zoologie expérimentale, un excellent garçon qui pêche des monstres pour le Collège
de France et que Bully adore parce qu'il l'a
pris une fois avec lui.

— Oui, oui, Yan, *glao a ra,* beaucoup *glao
a ra.*

Que voulez-vous, dans ces situations-là,
on n'est pas en train.

— Je voudrais vous proposer, reprend l'aimable Yan, de venir vous désennuyer au
laboratoire. Nous avons, en ce moment,
des spécimens assez intéressants, et Bully
aurait sans doute grand plaisir à voir le
poulpe.

— Yan, vous êtes un véritable ami, un
sauveur, une providence.

Le laboratoire de zoologie expérimentale,
annexe du Collège de France, est situé sur
la place de l'Eglise, où il occupe un vaste
bâtiment. On y fait sur les poissons des études
spéciales, qui ont déjà donné de curieux ré-
sultats.

L'aquarium, dont Yan nous fait les honneurs, me paraît parfaitement installé.

C'est un véritable musée de tout ce que l'on trouve sur les côtes de Roscoff.

Toutes les bêtes apocalyptiques dont Flaubert peuple les visions de Saint-Antoine peuvent passer pour gracieuses à côté des monstres poilus ou écailleux qui s'agitent ici derrière les parois de cristal, dans l'eau de mer sans cesse renouvelée.

. Voici d'abord un tourteau, le fameux *cancer pagure* de quelques auteurs. C'est un crabe géant du poids de cinq à six kilogrammes. Rougeâtre par dessus, blanchâtre par dessous, avec ses huit dernières pattes couvertes de faisceaux de poils bruns, et ses formidables pinces noires toujours prêtes à broyer quelque chose, il a bien l'air d'un sacripant capable de tout. Et, de fait, c'est un des hôtes les plus dangereux des rochers roscovites. Auprès de lui, le homard est un très bon garçon, qui parfois lâche sa proie ou se contente de la couper en deux. Mais le tourteau ne lâche jamais rien... Malheur au pêcheur imprudent qui, mettant la main dans une anfractuosité, se laisse prendre par les tenailles du gredin !... Quand celui-ci tient un doigt, il l'écrase lentement, progressivement, et le doigt est perdu. L'os est complètement broyé.

On a calculé ici la force musculaire de cet animal. Elle est prodigieuse. Le cancer pagure réduit en poussière le bord d'une assiette de faïence et fait un nœud de cravate avec une tige de fer de la grosseur d'un crayon.

Au bord d'un bassin, une raie promène lentement à fleur d'eau son énorme tête ronde, fendue dans toute sa largeur par une gueule niaise toujours ouverte. Près d'elle, quelque chose d'informe et de couleur indéfinissable flotte nonchalamment.

— Une éponge! crie Bully.

Yan sourit. Non, ce n'est pas une éponge, c'est le poulpe, le calmar, la pieuvre enfin.

Bully, en veine de prouesse, retrousse sa manche jusqu'à l'épaule, et saisit le poulpe avec une superbe crânerie.

Horreur!... Le monstre — je parle de la pieuvre — lance ses tentacules de tous les côtés, adhérant par ses ventouses à la peau du petit bonhomme, qui se laisse faire en riant!... Pas la moindre terreur sur ses traits. Entre nous, celui qui paraît le plus mal à l'aise, c'est le poulpe, qui se tortille, rampe, s'allonge, enveloppe tout le bras jusqu'à l'épaule, et, ne trouvant plus de place, étend ses suçoirs dans le vide.

La grosse affaire, c'est de reprendre la bête et de la rendre au milieu qu'elle préfère. Yan tire de son côté, Bully du sien et les voilà tantôt pris tous les deux par ces lanières vivantes qui s'attachent à tout ce qu'elles touchent. Enfin, après bien des efforts, on parvient à remettre la pieuvre dans l'eau. Aussitôt, elle se reforme... C'est d'abord comme un gros têtard, une sorte de boule aplatie, laissant flotter derrière elle ses tentacules, comme la chevelure d'une comète. A chaque instant, elle change de couleur, passant du brun au rougeâtre, puis au bleuâtre. Puis, elle se déforme encore, va se ramasser dans un coin, et n'a plus au fond de l'eau que l'apparence et les couleurs d'un gros coquillage. Tout à coup, elle secrète un liquide noirâtre qui fait des nuages autour d'elle, en sorte qu'on ne l'aperçoit presque plus.

— Elle est horriblement vexée, dit Yan, en éclatant de rire.

Et le brave garçon veut recommencer l'expérience sur moi; mais je résiste vaillamment. Pas la moindre envie de jouer au travailleur de la mer, bien que Bully m'assure que ça ne fait pas mal et que c'est même agréable.

Au bord du bassin, la raie est toujours là qui nous regarde, la gueule ouverte.

Voici l'araignée de mer à la carapace hérissée d'épines, d'un beau rouge incarnat, aux pinces tricolores. Pourquoi les Anciens accordaient-ils tant de sagesse à ce crustacé, qu'ils suspendaient au col de la superbe Diane d'Ephèse? De nos jours, l'incrédule science nous apprend que la sagesse de l'araignée de mer consiste à ce qu'au printemps, dépouillée de sa coque, comme un serpent de sa peau, et se sentant affaiblie et impuissante, elle se tient cachée jusqu'à ce que la bonne nature l'ait armée de nouveau. Cependant, l'araignée n'est point sotte, puisqu'elle a inventé le jardin ambulant. En effet, pour se soustraire à ses ennemis, la rusée commère a imaginé de se faire passer pour une plate-bande, en plantant des choux sur sa cuirasse. Ne secouez pas la tête, c'est à la lettre. Le savant Hermann Fol, dans la Revue scientifique de 1886, rapporte qu'il a observé, dans un aquarium, une araignée si hérissée d'algues qu'elle se confondait absolument avec les pierres couvertes de végétation parmi lesquelles elle vivait. Sa toison végétale ayant grandi au point de devenir encombrante, dit-il, elle l'arrachait brin à brin avec ses pattes, se nettoyait à fond et puis se mettait à se coller sur la carapace de petits bouts d'algues fraîches, qui poussaient ensuite comme des boutures.

Mais hélas !... M. Fol lui ayant enlevé toutes les herbes qu'elle aurait pu prendre pour boutures, et lui ayant donné, à la place, des bouts de paille et de papier blanc, elle se colla consciencieusement sur le dos ces objets qui ne pouvaient que la rendre encore plus visible.

Nous voyons ainsi défiler sous nos yeux toute la kyrielle des crabes bleuâtres, bruns, gris, sanguinolents, hideux, enchevêtrements

de pattes velues, de pinces, d'épines; puis, ce
sont les anémones de mer, rouges, orangées,
délicatement striées, puis des coquillages aux
couleurs vives, puis des poissons, le congre
ou serpent de mer, que les Parisiens mangent
sous le nom de saumon, le travan, un colosse
dans le ventre duquel les pêcheurs retrouvent
quelquefois les chaussures d'amis disparus,
le poisson-lune, qui mérite bien son nom, un
petit squale de 50 à 60 centimètres de longueur, très commun dans ces parages, puis
des chiens de mer, des anges de mer, qui
sont affreux, et enfin, là-bas, dans un coin,
le gobius. Après tant de monstres, ce poisson minuscule — c'est à peine s'il a trois
centimètres de longueur — est une merveille
de grâce et de gentillesse. Son petit corps,
presque transparent, est admirablement pro-
portionné. Ce qui frappe surtout, ce sont les
yeux, deux petits yeux noirs, éveillés, pleins
de malice.

Yan, toujours complaisant, nous explique
les mœurs de son pensionnaire. Le gobius est
un excellent père de famille. A l'époque du
frai, il se met en quête d'une coquille et
choisit ordinairement celle de la palourde.
Quant il a trouvé son affaire, il oblige sa fe-
melle à se caser comme elle peut sous ce
toit improvisé et, lorsqu'elle a pondu, il la
chasse. A partir de ce moment, c'est lui qui
se charge des œufs.

Au fond d'un aquarium, Yan nous montre une couche de sable, où, en regardant bien, nous apercevons des trous dans lesquels on distingue deux tout petits yeux noirs très brillants. Ce sont les gobius, qui font bonne garde. Yan remue le sable avec une longue tige de verre, met à découvert la coquille d'une palourde et la fait sauter brusquement sens dessus dessous. Aussitôt, le petit gobius apparaît, très effaré, donnant les marques de la plus grande inquiétude. Il s'élance de tous côtés, fait le tour de la coquille comme pour essayer de découvrir les causes de la catastrophe. Nous nous retirons un peu pour ne pas l'effrayer, car il nous voit bien, le petit drôle. Au bout de cinq minutes, complétement rassuré, il se met à l'œuvre.

Le voilà qui nettoie d'abord le dedans de la coquille avec ses nageoires, se trémoussant comme un diable dans un bénitier. Cette première opération terminée, il fait deux ou trois fois le tour de la palourde afin de reconnaître la place. On voit bien qu'il a une exacte connaissance des lois de l'équilibre, car un ingénieur sorti de l'Ecole polytechnique de Zurich ne choisirait pas mieux que lui.

Ayant déterminé le point de bascule, il affouille le sable juste à cet endroit; puis, le trou creusé, il revient se placer à l'opposite, s'introduit sous la coquille, et, se raidissant, il la culbute d'un coup de tête.

La coquille a repris sa position normale. Le gros travail est fini, mais il reste encore quelque chose à faire et le gobius ne perd pas une seconde. Il faut maintenant dissimuler la maison aux crabes et aux opérateurs du Collège de France qui ont des baguettes de verre. Avec une vitesse, un entrain, une hâte incroyables, le gobius la recouvre de sable, en ayant soin de ne laisser qu'une mince ouverture, par laquelle il ne tarde pas à disparaître.

Tout est fini, le sable est bien égal et l'on ne voit plus, au fond du trou, qu'une tête minuscule, deux petits yeux noirs qui font bonne garde. Charbonnier est maître chez soi.

Nous quittons à regret ce laboratoire, nous promettant bien d'y revenir à la première occasion.

V

Brignogan, le 19.

Hier, comme nous prenions le café sur la terrasse de l'hôtel, en compagnie d'un jeune ménage parisien, le Dr de C. et sa femme, couple charmant, plein d'entrain et de gaîté, la conversation tomba sur les curiosités bretonnes, signalées par Joanne et Conti.

— Savez-vous, me dit M. de C., qu'il existe près d'ici, à trois ou quatre lieues seulement,

un village dont les habitants n'ont pas du
tout le type breton ? J'ai lu, je ne sais plus où,
qu'ils représentent les derniers vestiges
d'une ancienne colonie grecque. On dit même
qu'ils ont conservé, en partie du moins, le
costume de leurs ancêtres, Si nous allions
vérifier cela....

Une pareille proposition n'était pas à dédaigner et quand nous nous levâmes de table
pour aller fumer un cigare sur la plage, tout
était arrangé. Seulement, de fil en aiguille,
nous en étions venus à parler d'une escapade
de huit jours, au cours de laquelle nous visi-
terions successivement Brignogan. Landerneau, Quimper, la baie d'Audierne, Auray,
Quiberon, Belle-Ile, Lorient, et que sais-je
encore.

Le plan arrêté, nous convînmes de partir
le lendemain ; le docteur se chargea de trai-
ter avec un voiturier et nous allâmes nous
coucher.

Donc, ce matin, un break attelé de deux
vigoureux petits chevaux bretons emporte
toute la smala du docteur et la mienne.

Il est entendu qu'à Brignogan le corps ex-
pédionnaire se divisera : tandis que le gros
de la troupe retournera prendre ses canton-
nements à Roscoff, M. et Mme de C., Mlle B.
et moi, nous piquerons droit au sud, sans itinéraire déterminé. Bully proteste un peu,
pour la forme : au fond, il est charmé de rentrer

à Roscoff parachever une réputation que l'affaire du poulpe a si bien commencée.

La journée s'annonce radieuse et notre break franchit au milieu d'une gloire de poussière la petite lieue qui sépare Roscoff de St-Pol. Nous passons devant le Creizker. Reverrons-nous jamais cette flèche gracieuse qui se perd, là-haut, en plein azur? Reverrons-nous ces petites rues silencieuses, ces petites fenêtres aux rideaux blancs, ce bon vieux prêtre assis sur un banc devant la porte de St-Joseph et qui nous regarde passer avec des yeux vagues, d'où l'on dirait que la vie s'est déjà retirée?

Quelles existences se déroulent donc dans ce coin de terre à la fois maudit et privilégié, où chaque lendemain ressemble à la veille, où rien n'arrive, où la notion du temps disparaît, où la joie et la douleur doivent avoir quelque chose d'éteint ? C'est bien ici la race de ces paysans dont parle Renan et qui pensent et jouissent par procuration.

« L'idée du moyen âge, dit-il, de gens priant pour ceux qui n'ont pas le temps de prier, est très vraie. La masse travaille ; quelques-uns remplissent pour elle les hautes fonctions de la vie ; voilà l'humanité. Le résultat du travail obscur de mille paysans, serfs d'une abbaye, était une abside gothique, dans une belle vallée, ombragée de hauts peupliers, où de pieuses personnes venaient six ou huit

fois par jour chanter des psaumes à l'Eternel.
Cela constituait une assez belle façon d'ado-
rer, surtout quand, parmi les ascètes, il y
avait un saint Bernard, un Rupert de Tuy,
un abbé Joachim. Cette vallée, ces eaux, ces
arbres, ces rochers voulaient crier vers Dieu,
mais n'avaient pas de voix ; l'abbaye leur en
donnait une. »

Seul, un Breton pouvait ainsi poétiser le
moyen âge. Le rôle assigné par le philosophe
à la masse est bien celui que la Bretagne a
rempli pendant des siècles et qu'elle paraît
remplir encore ; mais son dévouement obscur
a-t-il autant servi la cause de l'humanité que
le suppose l'auteur des *Dialogues philosophiques* ? L'histoire de cette race héroïque
et bornée n'est-elle pas un longue martyro-
loge ? N'a-t-on pas le plus souvent exploité
cet esprit de sacrifice inconscient, cette rési-
gnation que rien ne pouvait altérer, dans un
but qui n'avait absolument rien de commun
avec celui dont parle Renan ?

Dans de pareilles conditions, la vie est
peut-être moins douloureuse ; la somnolence
qui pèse sur elle en amortit les rudesses, le
doute ne la trouble pas ; lentement, elle va
du berceau à la tombe, sans laisser de sillage
derrière elle. Seulement, vaut-elle la peine
d'être vécue ?

Après St-Pol-de-Léon, voici Cléder, où nous
nous arrêtons quelques minutes pour visiter

l'église, qui est assez jolie. Toute cette contrée
est morne, désolée. Des maisons basses, tristes, d'où ne s'échappe aucun bruit . . . . Le
seul être vivant, un chat pelotonné sur le
bord d'une fenêtre, nous regarde passer d'un
air défiant.

Voici Plouescat, chef-lieu de canton. Petit
bourg et grande église, c'est la règle. Nous
n'admirons peut-être pas assez un chemin de
la Croix en bois, sculpté et peint par un artiste moderne qui, à force d'avoir voulu être
naïf, a fini par l'être trop. Chaque scène est
dans un cadre gothique. Le bon larron, en
culottes de Penpoul, excite beaucoup la verve
de Bully.

Nous allons entrer en Goulven, le *Lan ar
Paganis*, la Terre des Païens. La Manche,
resserrée ici entre les deux Ɪ ꞵtagnes, est
toujours agitée et il n'est pas de côte plus ex-
posée aux orages que celle-ci. Rien ne saurait
donner l'idée de ce rivage tourmenté, qui n'est
qu'une succession d'anses, de criques, de petites îles, de falaises à moitié ruinées, de récifs autour desquels la mer fait rage. C'est
la terre classique de la désolation, et l'on comprend qu'elle ait été jadis le rendez-vous de
tous les thaumaturges. A chaque instant,
nous apercevons dans les champs la mystérieuse silhouette d'un menhir ou d'un dol-
men. Les croix qui ornent quelques-uns de
ces mégalithes attestent que les anciens mis-

sionnaires, pour vaincre la résistance bretonne, ont dû plus d'une fois accepter un compromis. Goulven n'est qu'un pauvre hameau ; mais son église, qui date du XVIme siècle, est très remarquable. A grand clocher pauvre village : ce proverbe convient à toute la Bretagne.

A onze heures et demie, nous faisons triomphalement notre entrée à Brignogan et nous écarquillons les yeux pour voir les Grecs. Pour le moment, le seul que nous parvenions à découvrir est un vieux mendiant qui, d'une voix dolente et en bas-breton, nasille ses misères.

— Ça ne sent pas l'Attique, murmure, M. de C. en sautant de voiture.

— Pourvu qu'il y ait un hôtel ! soupire Bully.

L'excellent docteur, qui ne paraît pas rassuré, va aux informations. Au bout de cinq minutes, il revient, la figure rayonnante. On s'est trompé à Roscoff : ce ne sont point des Grecs, mais des Kalmouks. D'où viennent-ils ? *Allah kebir* !

Nous descendons à l'hôtel de la *Grande Maison* pour déjeuner. La «grande maison» en est une toute petite, mais assez proprette. Bully s'informe s'il y a des bœufs à Brignogan et, sur une réponse affirmative, il en déduit logiquement qu'on doit y trouver des biftecks. La vérité est que nous mourons tous de faim ; aussi, quand le docteur sort de la cuisine et nous annonce, en se frottant les mains, qu'il y aura non seulement des biftecks mais encore du homard et de la barbue, et un petit fromage dont nous lui dirons des nouvelles, et du cidre dont il ne dit que ça, sommes-nous prêts à le porter en triomphe. Tout ému, Bully se précipite dans ses bras.

Allez, il y a de beaux moments dans la vie.

Et, pendant qu'on prépare toutes ces succulentes choses, nous allons sur la plage.

Très pittoresque, la plage de Brignogan, avec sa redoutable ceinture d'écueils et ses amoncellements de blocs granitiques, derniers restes de quelque moraine de l'époque glaciaire.

Quimper, même date.

Quelle charmante journée ! Et que de jolies impressions ! Cette Bretagne est vraiment la terre des merveilles et des contrastes aussi. Suivant le programme arrêté, nous prenons congé à deux heures et demie des amis qui retournent à Roscoff par Folouët et nous montons en carriole. Encore une poignée de main, un geste tragique de Bully, une dernière recommandation de l'aubergiste au cocher et, cahin caha, nous voilà partis pour Landerneau.

Oh ! Cette carriole !...

Figurez-vous une caisse, longue d'un mètre et demi, large d'un mètre, haute de 40 centi-

mètres environ, faite de morceaux de bois
rapiécés de bouts de corde, de plaques de tôle,
juchée entre deux grandes roues qui la dépassent de chaque côté; mettez sur cette caisse
deux banquettes formées d'une planche qui
menace toujours de passer du stable à l'ins-
table; placez sur la banquette de derrière
deux dames en toilettes claires, et, sur celle
de devant, un cocher et deux touristes qui
n'ont qu'une confiance très vague dans la so-
lidité du véhicule, représentez-vous tout cela
enlevé au grand trot par un vigoureux petit
cheval breton, au milieu d'un nuage de poussière, avec un grand vacarme de ferrailles,
et vous aurez à peu près une idée de notre
départ.

Notre cocher est un vieux domestique qui
n'entend pas un traitre mot de français.
Chaussé du sabot à pointe relevée, vêtu de
droguet bleu, du foin dans les cheveux, il a
le visage maigre, ratatiné, raccorni, couleur
de vieux sou, les traits accentués, au demeu-
rant l'air d'un très brave homme. Il rit continuellement. Sans doute, les « Parisiens »
l'amusent et il flaire un pourboire.

A nous quatre, nous possédons bien une
dizaine de mots bas-bretons, et c'est moi qui
suis chargé de les faire entendre à notre
homme.

De Brignogan à Lesneven, pays plat, un
désert, sous un ciel très bas. Nous traversons

Lesneven au grand trot, ayant à peine le temps de remarquer, au-dessus d'une porte, la plaque de marbre rappelant que le général Le Flô est né ici. Du reste, cette petite ville suinte l'ennui.

Nous laissons à droite Folg et sa fontaine miraculeuse, pour courir sur Landerneau. Au fur et à mesure que nous avançons, le pays se modifie, devient sensiblement plus gai; des arbres apparaissent, puis des prairies, des haies feuillues. La terre reprend ses droits.

La route descend maintenant. La Bretagne est un pays très plat, où l'on monte et descend toujours. A force de regarder la mer, elle a fini par lui ressembler. Voici une allée d'arbres magnifiques, puis des talus couverts de bruyères roses et de genêts. La pente s'accentue et, bientôt, nous distinguons dans le lointain un clocher que notre automédon désigne du bout de son fouet en disant : Landerneau. On s'est beaucoup moqué de Landerneau et l'on a eu tort. C'est une délicieuse villette, entourée de collines verdoyantes et assise sur les deux rives de l'Elorn. Le train ne passant que dans une heure, nous en profitons pour aller à l'aventure. Landerneau est célèbre par ses cancans, sa lune et son pont. Autrefois, quand une veuve convolait en secondes noces, les gens du quartier lui donnaient un charivari. De là le proverbe :

il y a du bruit dans Landerneau. Aujourd'hui, la ville est d'une tranquillité qui prouve, dit malicieusement le docteur, que les veuves sont devenues inconsolables.

Le pont est bordé d'un double rang de maisons, dont l'une, le moulin, est en style ogival. Un Blacks-guide à la main, nous admirons consciencieusement, en vrais touristes cockneys que nous sommes, et nous poussons des oh! et des ah! si convaincus que deux pochards, sortant d'une guinguette, viennent se planter là écarquillant les yeux pour voir aussi.

Nous nous sauvons à toutes jambes, et, à cinq heures, nous sommes à la gare, fort satisfaits de notre petite excursion, pas fâchés de nous installer dans un des confortables coupés de la compagnie de l'Ouest.

La Bretagne ne tarde pas à nous apparaître dans toute sa grâce. Ce n'est plus la terre désolée de Goulven, mais une succession de collines vertes, de prairies où paissent des troupeaux de petites vaches, de jolies fermes à moitié cachées dans les arbres fruitiers et, de temps en temps, à l'horizon, un alignement de peupliers, quelques ruines dorées par le soleil couchant, et toujours des clochers, çà et là, dans les massifs de verdure.

Par les chemins, des paysans à pied, à cheval, en carrioles, animent ce paysage idyllique, et toutes les stations sont encombrées de charrettes d'où s'exhale une bonne odeur de fruits mûrs.

Près de Châteaulin, les deux natures bretonnes, la sauvage et la gracieuse, se sont entendues pour donner à cette contrée un charme tout particulier. Des montagnes schisteuses aux découpures étranges, des rochers bizarres aux arêtes vives, épars dans les vertes prairies, des chênes séculaires, une profusion d'arbres de toute espèce et, au bord de la rivière, les restes d'un ancien château, font de Châteaulin un site à part, un de ces paysages qu'on aime à revoir plus tard en imagination.

Au delà de Châteaulin, nous entrons dans une pittoresque vallée au fond de laquelle serpente une rivière, la Steir, que le train passe et repasse sans cesse. Voici même des tunnels. Un bon bourgeois, au gilet blanc rebondi où dansent un tas de breloques, nous fournit complaisamment des explications :

— Le tunnel que nous venons de franchir n'a que deux cent trente mètres, mais nous allons en traverser un de trois cent dix mètres... Un beau travail, monsieur, un superbe travail qui fait honneur à la science.

Et comme nous ne paraissons pas excessivement surpris, il ajoute en caressant ses favoris :

— Vous savez, un tunnel de trois cent dix mètres, ça ne se voit pas tous les jours....
Vous en avez déjà traversé de plus longs ?

L'arrêt du train en gare de Quimper brise
là cette intéressante conversation.

Quand nous sautons sur le quai, la nuit est
tout à fait venue. Nous nous mettons en
quête d'un hôtel et deux gavroches quimpe-
rois, en sabots, s'offrent à nous guider.

— Voyons, veux-tu venir avec nous, toi ?
dit M. de C. en s'adressant à l'aîné, qui peut
bien avoir douze ans.

— Monsieur, répond poliment le plus petit,
nous n'allons pas l'un sans l'autre. Si vous
prenez mon camarade, il faut me prendre
aussi, parce que nous sommes associés.

Voilà des gaillards qui feront leur chemin
dans le monde et ce bel exemple de solida-
rité bretonne nous séduit tout à fait. Nous
nous confions donc à la maison Gavroche
& Cⁱᵉ, qui part du pied gauche et s'arrête à
cinquante pas de là devant un cabaret à l'enseigne de la *Buvette lorientaise.*

— Voilà, messieurs et dames, on est très
bien là . . . Ça fait quatre sous.

Vraiment, la *Buvette lorientaise* ne nous
dit rien qui vaille. Nous congédions nos guides et, à la clarté de la lune, nous consultons
Joanne, qui recommande l'hôtel de l'Epée.
C'est en effet une maison qui n'a qu'un défaut : Celui d'être pleine de touristes, de la
cave au grenier. En fait de chambres dispo-
nibles, il ne reste guère que la moitié d'un
billard. L'hôtesse envoie un garçon à l'hôtel

de Bretagne, nous assurant que nous y serons
très bien, et pendant qu'on y transporte nos
valises, nous faisons à l'Epée un succulent
dîner arrosé de bon cidre frais, à la bienfai-
sance duquel aucune fatigue ne résiste.

Quimper, le 20 août.

Ce matin, de très bonne heure, je suis réveillé par une aubade aussi bruyante qu'originale. Tous les coqs du pays se sont donné
rendez-vous sous ma fenêtre pour chanter à
tue-tête l'hymne national de Quimper-Corentin. De ma vie, je n'ai entendu concert
plus drôle. Les uns lancent le cocorico sur un
ton aigu comme un appel de trompette, d'autres le roulent en basse-taille avec une con-
viction irrésistiblement comique. Il en est
qui le ronflent en retranchant une note : corico ! corico ! tandis que deux ou trois jeunes
étourdis ajoutent à la mélodie des notes
d'agrément que le fameux coq de Jean Pierre
réprouverait avec indignation : coquericoco.

N'y pouvant plus tenir, je saute à bas du
lit, et, par la fenêtre ouverte, je crie des sottises à tous ces chanteurs en chaperons rouges, qui reprennent avec ensemble comme si
de rien n'était. J'aurai peut-être ma ven-
geance à midi : des gaillards qui ont de si
belles voix doivent avoir des pattes dodues.

Cet hôtel de Bretagne, aubade à part, est
tout à fait confortable. Il a quelque chose

d'ecclésiastique. Les rideaux de dentelle sont fins, blancs et empesés comme des surplis ; le tapis brodé qui recouvre la table a l'air d'une nappe d'autel et, sur la cheminée, un grand St Corentin en manteau d'or complète l'illusion. J'imagine que lorsque les curés de province — cette capitale a une province — viennent à l'évêché recevoir les louanges ou les semonces du vicaire général, c'est ici qu'ils descendent

Nous employons la matinée à parcourir la ville, très animée parce que c'est jour de marché. Ceux qui aiment la variété et l'éclat des costumes trouvent aux halles de Quimper tout ce qu'ils peuvent désirer. Chaque village des environs conserve fidèlement les anciennes traditions et rien qu'à voir une coiffe, une collerette ou une jupe, on peut dire : Ceci est de Rosborden, ceci de Quimperley, ceci de Kemeneven ou de Pont l'Abbé. Ce dernier me paraît être le plus original.

Les Bretons du pays bigouden, c'est-à-dire les Bretons de la Baie d'Audierne, rappellent autant par le type que par le costume certains peuples asiatiques. C'est une chose étrange que de retrouver à des milliers de lieues de distances et en pays civilisé, en plein dix-neuvième siècle, des costumes que les voyageurs attribuent aux Mandchoux et aux Kalmouks.

Les hommes s'affublent d'un gilet à manches, sur lequel des broderies jaunes repré-

sentent des soleils, des fougères et des queues
de paon, d'une veste sans manches, plus longue devant que derrière, d'amples braies rappelant l'époque de la *Gallia bracata* et re-
montant jusque sous les aisselles, des chapeaux à larges bords, ayant trois rubans de
velours retenus par trois boucles superposées.
Ces trois boucles, dit-on, se rencontrent dans
l'Extrême-Orient chez ceux qui veulent indiquer l'antiquité de leur race.

Les femmes de Pont-l'Abbé portent le
même gilet brodé en jaune sur fond de bure
et orné de boutons en métal; seulement, elles
ont remplacé les braies par une quantité de
jupes, en retrait les unes sur les autres et
bordées de noir, de rouge et de jaune. Le
grand chic est de faire bouffer jusqu'à l'excès
la jupe supérieure. La coiffure se compose
d'une calotte de velours, attachée sur le côté
du cou, avec les cheveux ramenés par derrière jusque sur le sommet de la tête, où ils
sont fixés au moyen d'une petite pyramide
de carton couverte de broderies. Cette calotte,
rouge ou violette, piquée de paillettes d'or ou
d'argent, donne aux pont-l'abbistes un petit
air exotique absolument original.

Les paysannes de Rosborden se distinguent
par une grande collerette blanche, qui, retroussée, serait exactement le col Marie Stuart. Parmi le beau sexe, peu de jolis minois;
mais un air de robuste santé qui fait plaisir

à voir. Sérieuses, presque recueillies, elles sont assises, ayant, devant elles, des paniers d'œufs, de petits fromages, de légumes frais, des tables chargées de grandes mottes de beurre appétissant, des cages où piaillent des poulets à la chair ferme et ronde. Voici une caisse ; un bébé rose et blanc y dort à côté d'une couple de canards dont les pattes sont ficelées.

— Sont-ils tous les trois à vendre, Madame ?

La fermière, une plantureuse commère de Rosborden, grande collerette et jupe courte, répond en souriant à M. de O., qui chatouille le menton du marmot :

— Madouée, si vous vouliez tout de même y mettre le prix...

Tout ce monde-là respire l'aisance. On nous dit, du reste, que dans la contrée il y a beaucoup de fermiers riches. Avant-hier, on a célébré à Quimper les noces d'une jeune paysanne de Pont-l'Abbé dont le costume avait coûté 1800 fr. Il faut savoir que, le jour de son mariage, la fiancée fait coudre à sa jupe autant de galons d'argent qu'elle a de milliers de francs dans sa dot. Or celle dont on parle brillait comme une châsse.

Quimper est une ville de quinze mille habitants, tranquille et proprette, située sur les collines bordant la rive droite de l'Odet, jolie petite rivière qui s'associe à Quimper avec le Steir pour courir à la mer. Autrefois, Quimper était la capitale de la Cornouaille. Le nom de Corentin qu'on y ajoute souvent vient de son premier évêque, un des plus grands saints de Bretagne.

La Fontaine a fait à cette gentille petite ville une détestable réputation par ses vers :

> C'était à la campagne,
> Près d'un certain canton de la Basse-Bretagne
> Appelé Quimper-Corentin.
> On sait assez que le destin
> Adresse là les gens quand il veut qu'on enrage.
> Dieu nous préserve du voyage !

Quimper s'est vengé de cette impertinence en donnant le jour à Fréron.

Nous visitons la cathédrale, dont la première pierre fut posée au commencement du treizième siècle et qui renferme un maître-autel incrusté de pierreries. La déviation du chœur, à partir du transept, chose commune en Bretagne, est ici trop accusée, et cela gâte un peu l'effet de la grand'nef.

Après la cathédrale, visite obligatoire au Musée, où nous admirons une belle collection de costumes bretons, puis promenade sur le quai de l'Odet en attendant l'heure du départ. Nous allons à Audierne, à la baie des Trépassés, à la pointe du Raz, près de laquelle dort, sous les roseaux, la mystérieuse ville d'Ys.

Audierne, même date.

Nous voici installés à Audierne, c'est-à-dire dans la partie la plus sauvage de la côte bretonne. Le voyage a été charmant. A Douarnenez, nous avons dit adieu au chemin de fer, aux hôtels confortables, aux garçons en rondins d'alpaga qui font le service la serviette sur le bras, aux maisons alignées le long d'un trottoir, à tout ce qui rappelle la civilisation, pour nous enfoncer dans les landes. La baie de Douarnenez est bien certainement la plus belle chose qu'on puisse voir de Brest à Vannes; mais elle a déjà si souvent été décrite et si bien, que je n'essaierai pas d'ajouter quoi que ce soit à ce qu'on en a dit. C'est ici la terre du roi Marc'h, ce mari débonnaire d'Yseult la blonde et de Tristan, le malheureux fils de Blancheflor, de Grallon, le roi d'Ys, et de sa fille, la belle et peu vertueuse Ahès, dont un tableau du musée de Quimper retrace la mort tragique.

Une bonne vieille patache du temps jadis, pleine d'abbés qui causent, rient et s'offrent réciproquement du tabac à priser, nous amène à Audierne par Pontcroix, à travers la lande, d'où les arbres disparaissent peu à peu. De temps en temps, une pauvre petite chapelle se découpe en grisaille sur un ciel bas, très pâle, et le silence n'est rompu que par le galop des chevaux, le claquement du fouet ou le cri de quelques oiseaux de mer passant à tire-d'aile sur nos têtes.

Soudain, la brise marine nous apporte des bouffées d'air corrompu; une épouvantable odeur d'huile rance et de poisson force chacun à se tenir le nez.

— Audierne ! dit le postillon en souriant de notre effarement.

La patache s'est arrêtée devant l'*Hôtel du Commerce*, où nous prendrons nos quartiers, puisque nous y sommes. Pas de choix possible. D'ailleurs nous n'y serons pas trop mal. L'hôtesse est avenante, les chambres basses mais proprettes; un agréable parfum s'échappe de la cuisine et les murs de granit sont d'une telle épaisseur que la grande sauvage que nous entendons hurler là-bas ne nous fera pas de mal cette nuit, malgré la mauvaise réputation qu'elle s'est faite à la pointe de Raz et à Penmarc'h.

Il est six heures. Nous profitons du temps qui nous reste avant la tombée de la nuit pour visiter Audierne. La ville est sur la rive droite de la Goayen et ne possède qu'une seule rue. Le long des quais, de nombreuses sardineries sont en pleine activité. Une excellente occasion pour nous de voir préparer ces petites boîtes de fer blanc qu'on ouvre à Berne avec tant de plaisir. Maintenant que nous voilà faits à l'odeur nauséabonde qui s'exhale ici de partout, je crois que nous pouvons affronter la chose. Dans une étroite cour, horriblement sale, où nous pénétrons à la suite du docteur, deux vieilles femmes, dignes du pinceau de Callot, dansent une espèce de bourrée, les pieds nus dans des sabots. Elles nous regardent avec des yeux mauvais et comme nous nous approchons d'un panier plat à fil de fer où des sardines sont en train de sécher, une espèce de corsaire moustachu à mine patibulaire, que nous n'avions pas remarqué d'abord, se précipite au devant de nous et d'un geste énergique indique la porte. Nous déguerpissons, en riant de notre mésaventure.

A quelques pas de là, deuxième tentative, cette fois couronnée de succès. C'est la sardinerie de MM. Pellier, frères. On nous y reçoit de la façon la plus gracieuse et la surveillante, qui offre de nous guider à travers l'établissement, nous donne toutes les explications.

La pêche de la sardine dure trois mois environ. Cette année, elle est peu productive. On attribue cela au fait qu'une énorme baleine se promène depuis une année dans ces parages. A peine les bateaux sont-ils amarrés que le déchargement commence. On transporte les sardines dans la cour de l'usine et on les jette dans de grands tonneaux pleins de saumure, après leur avoir coupé la tête. Quand on les juge suffisamment salées, on les retire pour les étendre soigneusement sur des paniers plats en fil de fer où

elles s'égouttent. Cette première opération
terminée, la sardine est plongée pendant trois
minutes dans une chaudière d'huile bouillante, toujours à l'aide du grillage en fil de fer;
puis, de la chaudière, elle passe aux mains
des prépareuses. Celles-ci sont au nombre
de deux cents environ et il y en a de tout âge,
des vieilles au chef branlant, des gamines de
douze ou treize ans. On apporte les sardines
dans les corbeilles de fil de fer et les prépareuses, armées d'un petit couteau, leur enlèvent la
peau et l'arête avec une telle rapidité qu'on a
peine à s'expliquer le mouvement. C'est tout
au plus l'affaire de quatre secondes.

Tout ce travail se fait en chantant. Une
vieille, à la peau bistrée, entonne une ballade
qui court aussitôt d'un bout à l'autre de l'atelier. Le rhythme en est assez vif, mais la mélodie a quelque chose d'étrange qui, tout à
coup, me donne la sensation d'être très loin,
parmi des populations primitives.

La surveillante me tire de ma rêverie en
m'apprenant que les sardinières gagnent trois
sous par heure et qu'on peine jour et nuit
pendant toute la saison.

— Et vous en occupez toujours le même
nombre?

— Oh! non, cela dépend... Quand la prise
a été bonne, il nous faut plus d'ouvrières.
Ainsi, chaque fois que les barques arrivent,
les sardinières inoccupées attendent dans la

cour et nous embauchons l'équipe nécessaire.
Cela ne va pas sans un peu de jalousie; mais
il est difficile d'être toujours juste.

Une fois pelées et débarrassées de leurs
arêtes, les sardines, rangées avec beaucoup
de précaution sur les paniers plats, sont
portées à l'atelier d'emboîtage, au fond de la
cour.

Après cette visite à la sardinerie Pellier,
nous allons à l'extrémité de la jetée, qui n'a
pas moins d'un kilomètre et le long de laquelle de grandes barques noires sont à l'ancre. De là, nous embrassons une partie de la
sauvage baie d'Audierne. Le jour baisse; la
lumière crépusculaire a ici quelque chose de
sinistre. Toute cette partie de la côte est complètement inhabitée. Rien que des rochers,
des grèves de cailloux, des amoncellements
de galets, contre lesquels la mer rebondit
avec des jaillissement d'écume et des bruits
de tonnerre.

Même date.

Ce soir, en rentrant. Près de l'hôtel, une
baraque en plein vent autour de laquelle se
presse une foule nombreuse. Sur une planche,
disposée au fond, des poupées sont alignées,
toute une noce bretonne, avec un joueur de
biniou et beaucoup d'invités. Bien que le
plaisir de chavirer les poupées à coups de
balles élastiques ne coûte qu'un sou, c'est à
peine si de loin en loin quelqu'un se décide à

montrer son adresse. L'argent est rare dans le pays.

Quand la mariée tombe par terre, la foule manifeste une grande hilarité. C'est la première fois que j'entends rire ainsi en Bretagne.

Et, cependant, la population de ces côtes pittoresque n'est pas heureuse. Les pêcheurs aux lèvres boursouflées, crevassées, labourées par l'âpre vent de mer, les tireuses de goémons aux joues creuses, au torse maigre, n'ont pas cet air de robuste santé des villageois de l'intérieur. C'est que la vie est bien dure au fond de la vieille Armorique. Le travail, quand il y en a, rapporte peu. Un pêcheur de sardines gagne dix sous par jour. Et puis, l'abominable alcool à quarante sous le litre achève ce qu'une alimentation insuffisante a commencé.

21 août.

Toute la nuit, le port a été très animé. Chaque fois que des barques étaient signalées, on se précipitait pour voir. Des enfants chantaient, des hommes et des femmes couraient pieds nus pour assister au départ ou à l'arrivée, et c'était, sur le sol, comme un piétinement de troupeau en marche. Le jour commençait à poindre quand nous nous sommes levés. De l'autre côté du port, une petite colline chauve, sous un ciel très bas, avec la silhouette d'un moulin à vent et d'un cavalier.

A gauche, quelques pins grêles aux branches fantastiquement tordues. La mer est noire comme de l'encre. Des pêcheurs passent, ruisselants, sous nos fenêtres, l'air exténué.

Nous partons en voiture.

A peine a-t-on quitté Audierne que le caractère mélancolique de cette contrée s'accentue encore. A droite, la mer, qu'on n'aperçoit pas toujours, mais qu'on devine ; à gauche, bien loin, les flèches grises de quelques clochers, partout un horizon morne, une lande d'une infinie tristesse, sous un ciel qui tombe. Plus de cultures, plus d'arbres, plus de buissons, quelque chose de neutre qui n'est pas encore la mer et qui n'est déjà plus la terre. Et ce silence, ce grand silence, qui rappelle celui des Hautes-Alpes et que trouble, de temps en temps, le cri sauvage et lugubre d'un goëland ! On a beau se défendre, une terreur superstitieuse vous envahit au milieu de cette nature tragique. Cela empoigne, étreint et finit par serrer la gorge comme à l'approche imminente d'une catastrophe. Dans cette solitude, une toute petite chapelle, Notre-Dame de Bon-Voyage, et, çà et là, d'antiques calvaires de granit...

Enfin, nous touchons au hameau de Raz, deux ou trois pauvres cabanes, et nous mettons pied à terre. La voiture attendra, là-bas, près du phare, pendant que nous irons à la Pointe du Raz par la baie des Trépassés.

Deux guides offrent leurs services. L'un a une physionomie douce et assez intelligente; l'autre est un hâbleur loquace qui, après m'avoir harponné, ne veut plus me lâcher.

— Ah! Monsieur, vous arrivez bien. Nous pourrons traverser la baie à pied sec. Vous allez constater, Monsieur, nos rochers, et je vous expliquerai tout. Vous pourrez constater, Monsieur, que vous pouvez avoir confiance. Nous allons constater d'abord la ville d'Is.

Il est drôle, ce guide Ramollot.

L'endroit où nous sommes est vraiment étrange. Devant nous, un grand phare se dresse sur un rocher, à une portée de fusil. Un peu à droite, le sol descend en pente douce jusqu'à la mer; mais, vers le milieu de la déclivité, dans un large repli du terrain, apparaît un étang noirâtre, en partie couvert d'algues. Par les gros temps, la mer doit certainement venir jusque-là. C'est l'emplacement de la ville d'Is.

Autrefois, dit la légende, Is était une cité puissante, enrichie par le commerce. Elle était protégée contre les flots par une digue immense, au milieu de laquelle se trouvait une écluse dont seul le roi Grallon possédait la clef. Ce roi Grallon, prince débonnaire et magnifique, avait une fille, la belle Ahès, qu'il aimait beaucoup, bien qu'elle vécût dans

la débauche la plus effrénée. Chaque soir,
cette Messaline bretonne se faisait amener
quelque beau jeune homme dont elle se dé-
barrassait à l'aurore, en le faisant étrangler,
puis jeter à la mer par un géant noir, fortement soupçonné d'être le diable en personne.
Le bon St Guénolé, pieux ermite du voisinage, conjurait en vain la belle de renoncer à des orgies indignes d'une honnête princesse, elle n'en continuait pas moins, et l'on
ne saura jamais le nombre de jeunes hommes
dont la mer se repaissait chaque matin. Un
jour, Ahès prit la clef d'argent et ouvrit
l'écluse.

Pourquoi ? La légende ne le dit pas ; mais
il se pourrait bien que Lucifer eût soufflé
cette idée à la jolie pécheresse dont il guet-
tait l'âme depuis longtemps. Le roi Grallon
n'eut que le temps de sauter sur son meilleur cheval, de prendre sa fille en croupe et
de s'enfuir devant la mer qui montait. Mais
le cheval, quoique entraîné dans un galop ver-
tigineux, ne parvenait pas à conserver la distance et les vagues bondissantes gagnaient
de vitesse le groupe effaré qui fuyait devant
elles.

Tout à coup, St-Guénolé apparut et se mit
à courir pieds nus à côté du cavalier.

— O roi ! lui dit-il, si tu veux sauver ta vie
et ton âme, jette à ces vagues furieuses l'im-
pur démon que tu portes derrière toi.

Grallon, qui était un roi pieux, obéit à l'injonction du saint abbé et les flots, ayant englouti le corps de la belle Ahès, se calmèrent subitement.

Nous descendons sur la plage. Ici, le grandiose commence. Nous sommes au milieu d'une découpure à peu près rectangulaire, dont le fond est occupé par l'étang de Laoual, sur l'emplacement de la ville d'Is, et les deux côtés par d'énormes rochers, au pied desquels se trouvent des cavernes. La mer n'est plus qu'à quelques mètres de nous et, dans un quart d'heure, elle fermera le passage. Nous avons juste le temps qu'il faut pour visiter une des grottes. Le fond en est couvert de cailloux ronds et les parois tapissées de coquillages jusqu'à une certaine hauteur. C'est ici que les courants apportent les corps des naufragés. Avec un grand sérieux, le guide raconte que souvent le pêcheur entend frapper à la porte de sa cabane. Ce sont les ossements des pauvres morts, qui réclament la sépulture, tandis que leurs âmes se promènent en pleurant sur la plage.

Mais, pendant ces explications, la marée monte et il faut déguerpir, si nous ne voulons pas enrichir la légende. Une première vague arrive déjà jusqu'au seuil de la grotte.

— En route! crie le guide.

Et nous voilà, montant à l'assaut des grands blocs de granit, talonnés par la marée.

J'ai tout à fait la sensation d'être dans les Alpes. Une vraie escalade. Parfois, nous rampons sur les mains et les genoux le long des grandes dalles granitiques fortement inclinées, semblables à celles dont sont faits les menhirs et les dolmens, les deux guides derrière nous, pour rattraper au passage ceux qu'une glissade enverrait au beau milieu de la baie des Trépassés; puis, ce sont des couloirs étroits où nous pénétrons l'un après l'autre avec un petit frisson de peur; puis, de grosses roches, sur lesquelles il faut se hisser comme on peut; et, à quelques pas de nous seulement, la mer monte aussi, se hâte, et ses vagues courtes, frangées d'écume, ont envahi la place que nous venons de quitter. Enfin, après vingt minutes de rude labeur, nous atteignons la crête des rochers et nous débouchons sur une sorte de petit pâturage qui sent bon le thym-serpolet et où paissent deux ou trois moutons noirs. Là, nous sommes en sûreté et nous nous asseyons pour respirer un peu. A nos pieds, la plage de la baie a disparu sous les flots; de sourdes détonations annoncent que la mer a reconquis les cavernes.

La Pointe du Raz, désignée par Ptolémée d'Alexandrie sous le nom de Gobæum Promontorium, s'avance entre deux côtes formidablement hérissées d'écueils. C'est pendant les gros temps qu'elle offre le spectacle le plus grandiose; mais c'est alors surtout, dit le prudent Joanne, qu'il ne faut pas s'y aventurer. La mer déferle sur l'étroit sentier qui y conduit. Quoique élevé de 80 mètres au-dessus de la mer, le promontoire semble à chaque instant être prêt à s'engloutir sous les vagues; une écume salée couvre le spectateur et les mugissements qui retentissent dans les cavernes des rochers, l'étourdissent à lui donner le vertige.

Malheureusement, le temps est superbe et nous n'aurons pas toutes les émotions promises par Joanne. Cependant, dès les premiers pas, une de nos aimables compagnes, prise de vertige, déclare qu'elle préfère nous attendre sur le fin gazon du pâturage où nous étions tout à l'heure. C'est qu'en effet la scène qui s'offre à nos yeux n'est pas précisément engageante, et il ne s'agit pas de commettre la moindre imprudence. Nous dévalons d'abord, avec mille précautions, par un sentier à peine frayé, à travers un dédale de roches granitiques, vrai chaos datant des premiers âges du monde, et nous arrivons bientôt à un abîme en forme d'entonnoir, dans lequel la mer s'engouffre avec un bruit épouvantable. C'est l'Enfer de Plogoff. On n'a pas idée du vacarme qui se fait là-dedans et de la sauvagerie de cette nature vraiment infernale. Rien que des rochers de granit rougeâtre, de l'eau écumante, un bruit de tonnerre, quelque chose comme de l'épouvante qui vivrait. Dieu! que l'homme est peu de chose au milieu de tout cela. Je songe à ces beaux vers de Victor Hugo :

Le gouffre roule et tord ses plis démesurés.

Nous atteignons néanmoins, sans trop de difficulté, la pointe extrême du promontoire. À cet endroit, on a taillé dans une anfractuosité un petit siège de granit, auquel on a donné le nom de fauteuil de Sarah Bernhardt, parce que l'illustre tragédienne vint s'y asseoir une fois pendant un séjour qu'elle fit à Bénodet.

D'ici, le spectacle est sublime. C'est d'abord l'île de Sein et les rochers qui s'étendent au large à plus de sept lieues de distance, le cap de la Chèvre, la pointe du Toulinguet, la côte de Brest, les îles d'Ouessant, puis, plus près, la baie d'Audierne, la pointe de Penmarc'h, si pittoresquement découpée, et enfin la mer, la mer immense, déroulant à perte de vue ses vagues bleues, dentelées d'argent. C'est ici qu'il faut venir pour avoir la vraie sensation de l'infini. Jamais je n'oublierai les délicieux instants passés là-haut, à cette extrémité de la vieille Europe.

Nous quittons à regret ce belvédère titanique. Tout près de là, un pas difficile. Le sentier taillé dans le flanc du rocher s'arrête au bord d'un bloc en surplomb, où il importe de bien calculer ses mouvements. Le guide descend le premier, et, l'un après l'autre, nous nous asseyons, nous nous laissons glisser d'une hauteur de deux mètres. Une fois en sûreté, nous nous disons qu'après tout ce n'était pas difficile et nous nous moquons de la terreur éprouvée. C'est là que le ténor Lassalle faillit perdre la vie, il y a quelque temps. Ayant voulu franchir seul la passe dangereuse, il fit un faux mouvement et allait être précipité dans l'abîme, lorsqu'un guide parvint à le retenir par son veston. Lassalle en fut quitte pour une entorse et pour le sacrifice de sa canne et de son chapeau.

De l'autre côté de la Pointe du Raz, près du phare, nous retrouvons Mme de C., qui écoute en frémissant le récit de nos prouesses, et tout à coup, nous sommes assaillis par une nuée de mendiants, vraisemblablement sortis de l'Enfer de Plogoff. Un pillage en règle.

— Monsieur, c'est moi qui ai porté votre canne.

— Moi, Madame, qui vous ai offert des fleurs.

— Madame, en voici encore.

— Un petit sou... C'est moi qui ai ramassé votre chapeau.

La voiture s'approche. Enfin, nous voilà débarrassés. En route, j'essaie de faire la causette avec le cocher.

— La mer est bien mauvaise par ici ?

— Si fait, Monsieur.

— Est-ce qu'il arrive souvent des malheurs ?

— Si fait, Monsieur.

— Y en a-t-il eu, cette année ?

— Si fait, Monsieur.

— Beaucoup?

— Si fait, Monsieur.

Je lui offre un cigare pour lui délier la langue; sa figure s'épanouit aussitôt. Il me demande des allumettes. Ah! ah! il sait donc parler.

— La pêche est-elle bonne, cette année?

— Oh! non, Monsieur.

— On ne prend pas beaucoup de poissons?

— Si fait, Monsieur, on en prend beaucoup.

— Alors, la pêche est bonne?

— Oh! oui, Monsieur, elle est très bonne.

Je renonce à tirer quelques renseignements de ce taciturne et nous rentrons à l'hôtel du Commerce, tenu par M. Batifoulié, dont l'excellente cuisine n'est pas à dédaigner après les émotions de la baie des Trépassés et de la Pointe du Raz.

Lorient, 22 août.

Nous sommes venus ici d'Audierne par Douarmenez, Quimper, Rosporden et Quimperlé, dans un enchantement perpétuel. Toute la contrée qui s'étend de Quimper à Lorient est ravissante. Le contraste y est-il pour quelque chose? C'est possible; mais ce qui est sûr, c'est qu'on ne saurait imaginer un paysage plus agreste, plus riant, plus frais, plus délectable à l'œil. Des stations disparaissant sous les fleurs, des villages cachés derrière des

arbres fruitiers, des prairies où paissent de
toutes petites vaches noires, tachetées de
blanc, des rivières aux courbes gracieuses
et, à l'horizon, les lignes harmonieuses d'une
forêt de chênes, sur un ciel d'azur immaculé.
Parfois, quand le train s'arrête, un biniou fait
entendre quelque vieux air du pays. Après la
sauvage musique de l'Enfer de Plogoff, celle
du biniou a bien son charme.

Lorient est une ville quelconque, sans caractère, et cela se comprend, puisqu'elle n'a
pas même deux siècles d'existence. Créée par
la compagnie des Indes, elle serait peut-être
devenue la rivale de Marseille et de Bordeaux,
si l'inepte politique de Louis XV n'en avait
brusquement arrêté l'essor. Cependant le
XIXe siècle a réparé le tort fait jadis à la gloire
de Lorient. Au mois de septembre 1888, on a
inauguré dans cette ville, en présence d'une
délégation de l'Académie française, la statue
de Brizeux, le doux poëte breton. L'auteur
de *Marie* et de la *Fleur d'Or* naquit ici. le
12 septembre 1803, et les Lorientais devaient
bien une statue à celui qui avait dit:

« Dans notre Lorient tout est clair dès qu'on
                                entre ;
De la Porte de Ville on va droit jusqu'au
                                centre :
Ainsi marchent ses fils au sentier du de-
                                voir. »

Pauvre Brizeux! Il ne mérite pas l'oubli
— j'allais presque écrire le discrédit — dans
lequel ses vers sont tombés aujourd'hui. Celui-là fut un poète, un vrai poète épris de son
art, une de ces âmes délicates et tendres qui
recueillent les souvenirs du passé pour les ex-
haler en des chants pleins de grâce et de fraî-
cheur. Comme l'a remarqué Hippolyte Babou,
dans un espace de vingt-sept ans, de 1831 à
1858, Auguste Brizeux, toujours fidèle à la
poésie, n'a pas daigné offrir au public une
page de vile prose; il reste le seul, parmi les
poètes contemporains, qui n'ait point de-
mandé le succès ou la gloire au roman, au
théâtre, au journal, à l'histoire, à la critique,
à la politique. C'est là le trait original de
cette physionomie littéraire et c'est peut-être
ce qui fait qu'on revient toujours à Brizeux
avec plaisir. Cet enfant de la Bretagne, je le
confesse, n'a jamais été mieux inspiré que
lorsqu'il a chanté le sol natal; mais si Félix
Arvers a des droits à l'immortalité pour avoir
écrit un sonnet, le poème de *Marie* peut suffire
à Brizeux :

Oh! les bruits, les odeurs, les murs gris des
chaumières,
Le petit sentier blanc et bordé de bruyères,
Revient, renaît comme au temps où, pieds nus,
sur le soir,
J'escaladais la porte et courais au Moustoir.

Et, dans ces souvenirs où je me sens revivre,
Mon pauvre cœur troublé se délecte et s'enivre !
Aussi sans me lasser, tous les jours je revois
Le haut des toits de chaume et le bouquet
de bois,

Au vieux puits la servante allant emplir ses
cruches,
Et le courtil en fleurs où bourdonnent les
ruches,
Et l'aire, et le lavoir, et la grange ; en un coin,

Les pommes par monceaux et les meules de
foin :
Les grands bœufs étendus aux portes de la
crèche,
Et devant la maison un lit de paille fraîche.

Si les terniaires ont pu faire oublier un instant Brizeux à ses contemporains et le donner en littérature pour un préraphaélite, la postérité, j'aime à le croire, ratifiera le tardif hommage rendu par l'Académie, le 12 septembre 1888, à celui qu'elle avait couronné croyant avoir assez fait pour lui.

Quiberon, même date.

Nous comptons rester ici quelques jours. Ces plages, sur lesquelles se déroula un des grands drames de la révolution française, seront intéressantes à parcourir.

Partis de Lorient ce matin, nous avons quitté à Auray la ligne de Vannes pour prendre l'embranchement de Quiberon qui suit la presqu'île dans toute sa longueur. Le pays est d'abord assez joli : des landes parsemées de bouquets de pins ; mais, à partir de la station de Plouharnel-Carnac, nous entrons dans la presqu'île proprement dite, et la lande ici fait place aux dunes. Peu à peu, la terre se rétrécit au point de n'être plus qu'une sorte de jetée naturelle à peine suffisante pour la route et la ligne de chemin de fer. Nous laissons à gauche le fort Penthièvre, au-delà duquel la contrée change encore d'aspect. Subitement élargie, la presqu'île avec ses mamelons, au sommet desquels tournent les grandes ailes des moulins à vent, ses pauvres petits villages épars de chaque côté de la voie, ses calvaires et ses menhirs, son ciel pâle, a quelque chose de mélancolique et de résigné.

Quiberon est une ville irrégulièrement bâtie, une agglomération de maisonnettes basses et d'apparence maussade. Quelques boutiques portent des enseignes ronflantes : *Boulangerie belliloise, Epicerie centrale, Au rendez-vous des Bellilois.* Les débits de boisson ne font pas défaut, surtout près du port ; et l'on se croirait à Tarascon, quand on lit au-dessus de la porte d'une affreuse bicoque : *Grand Hôtel de l'Europe* ou *Café de l'Université.*

L'église est petite, sombre, malpropre et en désordre. Sur la place, déserte à ce moment de la journée, une demi-douzaine d'oies, accroupies sur deux rangs, dorment dans la chaude somnolence de cet après-midi d'août. Dans le voisinage, le chant d'un coq se fait brusquement entendre. Aussitôt les oies se dressent sur leurs pattes et se mettent à brailler, comme si elles obéissaient à un mot d'ordre, allongeant toutes le cou dans la même direction, d'un air si grotesquement effaré, qu'un fou rire irrésistible nous gagne.

Nous allons à la poste. La buraliste, une excellente femme, très loquace, très empressée, demeure soudain fort perplexe quand nous lui remettons un télégramme pour Brignogan.

— Brignogan, Brignogan, répète-t-elle, êtes-vous bien sûrs que c'est cela ?

Sur notre réponse affirmative, elle consulte un gros livre et, au bout de cinq minutes :

— C'est pas possible, Monsieur et dames, c'est vraiment pas possible. Voyez plutôt vous-mêmes.

A notre tour, nous feuilletons le gros livre, un indicateur général des postes et télégraphes, et nous constatons, en effet, qu'on a oublié Brignogan. Que faire ? Après un conciliabule, on décide que la dépêche sera envoyée d'abord à Lesneven. Là on saura sans doute où est Brignogan. Et pendant que Mlle B.

écrit une carte de félicitations à Bully, j'assiste à une petite scène fort amusante. Un naturel, blouse bleue, barbe en collier, figure rubiconde et le feutre en auréole, se présente au guichet, tenant une dépêche à la main.

— Dites donc, je comprends pas mon télégramme... Vous m'y marquez : « Jacquet, tomates 5... » Je ne comprends pas... Ça doit être une erreur.

La buraliste prend la dépêche, la palpe, la retourne, appelle sa fille, compare les textes et, finalement :

— Dame, Monsieur, nous ne pouvons vous donner que ce qu'on nous a transmis : Perrin prend à 8. Jacquet, tomates 5. C'est bien cela, il n'y a pas d'erreur. — Hé non ! reprend l'autre, ce n'est pas cela du tout. Qu'est-ce qu'y veut dire le 5 ?... Pourquoi que vous m'y mettez un 5 ? C'est pas de sens. — Dame ! monsieur, je ne sais pas, moi. C'est peut-être 5 francs. Nous ne comprenons pas les dépêches ; nous les transcrivons, voilà tout.

L'homme à la barbe au collier se radoucit et, d'une voix insinuante : —Voyons, Madame, faut pas se fâcher... Moi, j'y suis de bonne foi, et les affaires, c'est les affaires... J'y voudrais pas faire du tort à quelqu'un. Je comprends bien ; mais enfin, je ne comprends pas... Car, voyez, il y a un 5... Perrin prend à 8 !... Ça, c'est clair... Pas d'erreur, comme vous dites... Mais : Jacquet, tomates, 5 !... Je com-

prends Jacquet. Jacquet, c'est celui à qui j'ai
télégraphié : Prends-tu, oui ou non ?... Et,
alors, vous m'y marquez : Jacquet, tomates,
5 !... Des bêtises, quoi.

Là dessus, mon homme relève sa blouse et
retire d'une de ses poches un gros portefeuille
bourré de papiers, qu'il étale devant la buraliste en expliquant toute une combinaison
dans laquelle il est évident que Jacquet devait être roulé.

Quiberon, même date.

L'Hôtel de Penthièvre, où nous sommes
descendus, est au bord de la mer. Quoique
petit, il est confortable et je puis le recommander aux fantaisistes qui aiment à dormir,
la nuit, au bruit des vagues. La plage est
fort belle aussi, très sûre, malgré les grandes
lames qui passent avec impertinence par-
dessus la tête des baigneurs. Oh! les belles
lames! Elles glissent vers vous, en faisant le
gros dos comme des chats, et puis, bonsoir!
elles vous jettent sur le sable après vous
avoir fait boire un bon coup en leur honneur.
J'éprouve un plaisir indicible à me laisser
balancer par elles, en faisant la planche. C'est
dans un de ces exercices-là que, subitement
bousculé et perdant un peu la tête dans le
brouhaha d'une montagne verdâtre qui s'ef-
fondrait sur moi, j'ai suffisamment remarqué
que l'Atlantique avait un goût d'huîtres
fraîches.

29 août.

Nous allons visiter ce matin les fameux alignements de Carnac. Descendus à la station de Plouharnel, nous ne faisons que traverser ce village, après avoir jeté un coup d'œil au petit Musée où M. Gaillard a recueilli le produit des fouilles exécutées dans les environs, au pied des mégalithes. Entre Plouharnel et Carnac, on ne peut lever les yeux sans apercevoir à l'horizon quelques-uns de ces monuments à propos desquels l'imagination des poètes et la science des archéologues se sont déjà tant de fois exercées en vain. Voici, sur notre gauche, le Ménec et ses enfilades de menhirs; puis, à droite, la route conduisant à la fontaine monumentale de Saint-Cornély, le patron des bœufs. Encore un grand saint breton, celui-là. Dans quinze jours, on célébrera sa fête, dont la partie essentielle, ou plutôt substantielle, consiste en offrandes de bestiaux. Après la fête, la fabrique revendra les moutons, les veaux, les vaches et les bœufs, et même les longes, que les pauvres gens du pays se disputeront, parce qu'ici la corde qui a servi à conduire en laisse la bête offerte à Saint-Cornély a les mêmes propriétés qu'ailleurs la corde de pendu.

Le bourg de Carnac possède une église dont le porche est formé par d'énormes blocs de granit provenant, sans aucun doute, des alignements du voisinage. Ce qui fait l'originalité de ce porche, c'est le baldaquin ajouré qui le surmonte et qui affecte la forme d'une couronne royale, et l'intérieur ; les vitraux rappellent les principaux épisodes de la légende de Saint-Cornély.

Encore un musée, plus riche que celui de Plouharnel, créé par un Anglais, M. Meilu, un archéologue qui a consacré quelques années de sa vie à fouiller le sol de la presqu'île et qui n'a pas été pour le Morbihan ce que Lord Elgin fut pour la Grèce. Il contient une foule d'objets intéressants, des haches, des silex, des polissoirs, des vases cinéraires, etc., qui permettent d'assigner aux mégalithes une antiquité bien autrement respectable que celle des druides.

De là, nous allons au Mont Saint-Michel. C'est un tumulus d'une quarantaine de mètres de hauteur, au sommet duquel se trouve une terrasse d'où l'on jouit d'un coup d'œil magnifique sur toute la contrée et principalement sur la plaine de Carnac. Celle-ci, bordée d'un côté par la baie de Quiberon et de l'autre par un bois de pins, se présente au spectateur émerveillé avec son innombrable armée de menhirs, rangés en ligne droite ou serpentine au milieu d'une lande de bruyères sauvages. On en distingue trois groupes principaux : celui de Ménec, avec huit cent soixante-quatorze pierres, celui de Kermario, avec huit cent cinquante-cinq, et celui de Kerlescar avec deux cent soixante-deux seulement. Cela doit être plus beau encore, vu au clair de lune ; mais j'avoue très humblement qu'après avoir erré pendant une ou deux heures à travers ces alignements, j'en sors un peu avec l'impression que Gustave Flaubert a eu raison de dire : « Ce sont là de bien grosses pierres. »

Les savants se sont cassé la tête à vouloir en expliquer l'origine, émettant à ce sujet les idées les plus baroques. Un ingénieur du dix-huitième siècle, La Sauvagère, a soutenu l'opinion que les alignements de Carnac marquaient l'emplacement d'un camp établi par César lors de sa campagne contre les Vénètes. Ogée, qui accepte cette opinion, dit « qu'il est à croire que les Romains plantèrent ainsi ces pierres debout pour mettre leurs tentes ou leurs baraques à l'abri et les garantir, par le moyen de cette muraille continue, des coups de vent violents qui règnent fréquemment sur ces côtes. »

Un autre chercheur, M. de Penhoet, ne voit dans les pierres de Carnac que les débris d'un temple, servant jadis au culte du serpent, à l'ophiolâtrie, pour appeler les choses par leur nom ; et, tandis que les Celtomanes affirment énergiquement que ce sont des autels élevés par des druides, d'autres savants n'y voient que des monuments funéraires.

Enfin, M. de Mortillet croit tous ces mégalithes antérieurs aux premières invasions
celtiques et les prend pour des monuments
commémoratifs, « des espèces d'archives ; chaque pierre rappelant un fait, une personne ou
une date ».

De toutes ces explications, la plus pro-
bante est encore celle que donnent les braves
gens du pays. Saint Cornély, disent-ils, était
poursuivi par une armée de païens. Arrivé au
bord de la mer, le bon ermite allait être pris
et mis en pièces, lorsqu'il se souvint tout à
coup, qu'étant saint, il avait par conséquent
le don de miracle. Il se retourna, fit un grand
signe de croix, et incontinent les barbares
furent changés en pierres.

Et la preuve, c'est que, dans la contrée, les
petits enfants appellent ces mégalithes les
soudar del sant Cornély.

Voilà. C'est simple, c'est clair, c'est net et
cela suffit. Je sais bien que les incrédules
hocheront la tête. Tant pis pour eux !

Quiberon, même date.

Je me suis promené longtemps sur la plage
de Carnac, où, le 27 juin 1795, débarqua le
corps expéditionnaire qui devait opérer en
Bretagne sous le commandement du comte
de Puisaye. Bien lamentable, l'histoire de ce
débarquement. Au lieu de se jeter avec toutes

leurs forces au cœur même de la Bretagne et
de provoquer un soulèvement général, MM.
de Puisaye et d'Hervillly perdent onze jours
à se disputer le commandement et à s'emparer
du fort Penthièvre, dont la garnison de six
cents hommes se rend, du reste, sans coup
férir. Ce temps précieux, ainsi gaspillé du côté
royaliste, est utilisée par Hoche de telle manière que, le six juillet, il a déjà concentré
treize mille hommes à Carnac, fermant ainsi
la route de terre aux trois mille hommes de
Puisaye. Dès lors, le corps expéditionnaire
était pris dans la presqu'île de Quiberon
comme dans une souricière et sa perte n'était
plus qu'une question de jours. En arrivant,
Puisaye avait la Bretagne entre lui et les républicains ; maintenant, grâce à son impéritie,
il avait Lazare Hoche et treize mille hommes
entre lui et la Bretagne.

Dans la nuit du vingt au vingt-un juillet, par
un temps d'orage, les républicains reprirent le
fort Penthièvre sans tirer un coup de fusil et,
au jour naissant, ils acculèrent la petite armée
royaliste au fond de la presqu'île. Puisaye,
abandonnant lâchement sa troupe, vint, en
vue même de celle-ci, se réfugier à bord des
vaisseaux anglais, à l'ancre dans la baie de
Quiberon. Sombreuil, descendu à terre quelques heures auparavant, se mit à la tête de
la colonne expéditionnai   et, pendant cinq
heures, conduisit la retraite avec autant de

fermeté que de talent. Ce jeune homme ardent et enthousiaste, d'une beauté idéale, est bien la figure la plus intéressante de l'équipée royaliste. Il aurait pu se sauver, lui aussi; mais il tenait à honneur de rester à son poste jusqu'à la fin et de partager le sort des pauvres gens que l'étourderie de chefs incapables avait conduits à une catastrophe certaine.

Sombreuil était le frère de cette héroïque jeune fille qui, suivant l'histoire ou la légende, avait bu un verre de sang pour racheter la vie de son père. Il était donc d'une famille où l'on se dévoue. Du reste, selon le témoignage de ses contemporains, il avait eu le pressentiment de ce qui allait lui arriver, puisqu'il avait fait envoyer, la veille de son départ, une pièce de crêpe noir à sa fiancée, Mlle de la Blache. Trois semaines plus tard, à Vannes, devant le peloton d'exécution, au moment de commander lui-même le feu, le jeune marquis coupera précipitamment une mèche de ses cheveux, et, approchant ses lèvres du portrait de sa fiancée, il remettra ces chers gages à un officier républicain, en le priant de faire parvenir à Mlle de la Blache ces reliques d'une tendresse qui aura les derniers battements de son cœur.

J'ajoute, en manière de parenthèse, que la jolie Mlle de la Blache se consola plus tard assez facilement de la perte de son héros, en épousant M. d'Haussonville.

L'arrivée des républicains jetait l'épouvante parmi la population réfugiée au camp des royalistes. Au bruit de la fusillade qui se rapprochait de minute en minute, hommes, femmes, enfants, tous couraient vers la mer avec l'espoir d'y trouver des barques. Il y eut, à ce moment, des scènes émouvantes, dont les historiens du temps ont conservé tous les détails. J'emprunte les lignes suivantes à la relation du comte de Montbron, une des plus exactes, à ce que je crois :

« Bien sûr, dit-il, qu'un traité fait avec le crime serait scellé par la perfidie, j'emmenai deux cadets de ma compagnie, et nous tentâmes de nous embarquer. La côte, hérissée d'écueils, était inabordable à marée basse. Ne sachant pas nager et obligés d'entrer dans l'eau jusqu'à la poitrine, nous eûmes des peines infinies à gagner une pointe de rocher très avancée dans la mer, et sur laquelle un groupe nombreux attendait une barque ou la mort. Les roches voisines étaient aussi couvertes de fugitifs ; des cris de désespoir se faisaient entendre de tous les côtés. La mer, constamment orageuse, était couverte de dépouilles, d'armements, de débris ; et les vagues jetaient sur le rivage les corps de ceux qui périssaient. Le bruit du canon des républicains, qui tiraient sur nous, joint au bruit du tonnerre, ajoutait encore à cette scène d'horreur ; des malheureux, en se diputant le sommet des écueils, s'entre-précipitaient dans les flots. Des femmes, s'avançant du côté des vaisseaux, élevaient leurs enfants dans leurs bras; elles imploraient en vain tous ceux qui les entouraient; la terreur avait étouffé la pitié. Un soldat, en s'élançant sur la roche qui nous portait, saisit le vêtement d'une femme qui était près de nous, et tous les deux s'abîmèrent dans les flots. »

Le comte de Montbron ajoute que, par trois fois, une chaloupe qu'il avait appelée en montrant sa main pleine d'or aux matelots, s'approcha et se retira à force de rames, sans pouvoir sauver personne, parce que ceux qui la montaient craignaient que les efforts et le poids de tant d'hommes ne fissent chavirer la nacelle. « Tout périssait, dit-il tristement, par la crainte de la mort. »

Aujourd'hui, les champs qui bordent la petite plage de Carnac sont couverts de mousse, d'immortelles et de rosiers nains. On ne soupçonnerait pas que ce paysage agreste et un peu mélancolique a servi de cadre à l'un des grands drames historiques de le Révolution.

Belle-Ile-en-Mer, 25 août.

Nous avons quitté Quiberon à midi et demi, à bord du *Charles-Philippe*, un petit steamer assez bon marcheur. La traversée a été très agréable. La mer, un peu forte, nous a joliment fait danser; mais je n'en ai éprouvé aucun inconvénient, contrairement à toutes les prédictions sinistres qui m'avaient été faites. L'Océan verdâtre ressemblait à une grande plaine ondulée, avec, çà et là, des troupeaux de moutons blancs. Ce qui gâte un peu le spectacle, ce sont les passagers malades. Brr!

Débarqués au port de Palais, nous nous mettons en quête d'un hôtel. La ville n'en possède que trois et ils sont très primitifs. Nous fiant à notre bonne étoile, nous choisissons au hasard l'Hôtel de France et, à peine rafraîchis, nous allons voir la ville. Bâtie en amphithéâtre, elle ne compte qu'une rue principale, bordée de petites maisons jaunes et blanches d'un aspect assez original. Au bout de cinq minutes, nous passons sous une porte pratiquée dans les remparts et, tournant à gauche, nous atteignons la crête de la falaise. Ici commence une promenade des plus intéressantes. Belle-Ile a environ dix-huit kilomètres de longueur sur quatre ou cinq de largeur. C'est un plateau, dont l'altitude moyenne est de quarante mètres, qui est supporté par une roche schisteuse que l'Océan ronge continuellement. Le sentier que nous avons pris court à travers une lande tapissée de minuscules genêts épineux très glissants, et se rapproche parfois si près de l'extrême bord que le moindre faux pas nous ferait dégringoler au beau milieu des grosses vagues qui hurlent à nos pieds.

Bien que le soleil brille et que pas un nuage
ne trouble la sérénité de l'azur, nous ne souf-
frons aucunement de la chaleur. Elle est si
fraîche, si bonne, si vivifiante, la brise qui
vient du large! Nous sentons que nous pour-
rions marcher ainsi des heures et des heures
sans éprouver la moindre fatigue.

Le Palais n'est pas à la mode et ne cherche
pas à le devenir. Cependant, on peut s'y baigner et les gens de l'Hôtel de France nous
ont affirmé que nous trouverions à dix minutes de la ville, aux Armelles, une plage
très commode et très sûre. Une bonne femme
que nous interrogeons nous montre ce que
nous cherchons. C'est là, tout au fond d'une
étroite échancrure de la falaise, à trente ou
quarante mètres au-dessous du sentier. Avec
précaution, nous nous penchons sur le gouffre
et nous regardons. En bas, quelques baigneurs apparaissent; mais que le crique me
croque si nous savons par où ils y sont arrivés. Après avoir fait le tour de l'échancrure,
nous continuons notre route dans l'espoir de
trouver autre chose. Une demi-heure plus
tard, nous passons derrière un fortin dont
nous apercevons les canons, la gueule allongée du côté de la mer. Un paysan est en train
de couper des genêts dans les environs.

— Où peut-on se baigner, s'il vous plaît?

— Là-bas, au port Juan.

— La plage est sûre?

— Oh! oui, des dames du château viennent de s'y baigner.

Nous écarquillons les yeux. Pas plus de dames et de château que de port Juan. La falaise, toujours la falaise, avec l'Océan rugissant au-dessous. Allons toujours! Soudin, la falaise, brusquement affaissée, nous permet d'atteindre le bord de l'eau. Une porte à moitié démolie, dernier vestige d'anciennes fortifications, se dresse là comme un arc de triomphe en miniature. De l'autre côté, une petite colline de sable nous sépare seulement de la mer. Voilà notre affaire.

Erreur.

Les sables sont mouvants. Très calme, l'Océan roule cependant des lames majestueuses qui démolissent la colline à grand fracas. Tout cela ne nous paraît rien moins que rassurant; nous rebroussons chemin avec une crânerie dont fort heureusement personne n'est témoin. Elles auraient bien ri, les dames du château, nous eussent-elles vus déguerpir comme si les vagues étaient à nos trousses.

Il faut bien nous résoudre à descendre dans le trou des Armelles. Pour éviter la capricieuse sente qui, dans sa course vagabonde, s'aventure décidément trop près du précipice, nous piquons à travers la lande; mais, au bout de cinquante pas, au moment de franchir une petite haie, nous rencontrons un

chien de berger qui. les crocs menaçants et
la queue en bataille, ne nous dit rien qui
vaille. Inutile de parlementer. Le gaillard a
sa consigne, cela se voit bien. Nous reprenons
le sentier, et, arrivés à l'endroit le plus péril-
leux, nous apercevons le drôle, qui, après
avoir fait un détour, est venu nous barrer le
chemin. Il est là, le misérable, une patte en
l'air, les oreilles droites, les yeux luisants
comme des braises, grondant sourdement et
parfaitement résolu à se jeter sur nous, malgré l'ombrelle que je brandis belliqueusement.
Et pas une pierre à ramasser pour mettre en
fuite cet abominable échantillon de l'ami des
hommes. La lutte est trop inégale.

Encore une fois, nous rebroussons chemin,
peu fiers du rôle que nous jouons ; mais que
voulez-vous, dans ces occasions-là, on se tire
d'affaire comme on peut. Et puis, personne
ne nous a vus.

A travers les genêts qui nous lardent les
jambes, nous exécutons notre retraite, et,
par un long détour, nous nous rapprochons
du gouffre ; là-bas se trouve la plage des
Armelles. Nous prenons un petit sentier
rocailleux qui zigzague sur un des flancs de
l'échancrure et nous commençons la descente.
Après tout, c'est moins diabolique de près
que de loin. Nous voici maintenant au fond
du trou. Dieu, que c'est beau ! Une toute
petite plage de sable fin et uni, que la marée

prend d'assaut. Elle n'a qu'une dizaine de pas
de largeur sur une trentaine de longueur.
Fermée de trois côtés par la falaise schisteuse, au pied de laquelle la mer a creusé
des grottes, sculpté des stalles où l'on peut
s'asseoir commodément, elle est vraiment
très pittoresque. C'est à la fois charmant et
effrayant. La lame arrive très haute et se
brise avec fureur sur les rochers à droite et
à gauche. Je me souviendrai du plaisir que
j'ai eu à me laisser caresser par elle.

Rentrés à l'hôtel, nous nous mettons à
table avec un appétit qui en dit long sur nos
exploits de terre et de mer.

26 août.

Toute la nuit, une pluie violente a fouetté
mes fenêtres. Au dehors, la mer grondait
sourdement, et le ressac des vagues sur la
falaise, les détonations de la foudre, le vent
qui soufflait en tempête et qui semblait de-
voir tout emporter, m'ont longtemps empêché
de dormir. Vers minuit, trois matous bellilois,
jugeant que le vacarme n'était pas assez grand,
ont mêlé leurs miaulements grotesques au
chœur des vagues. C'était complet.

Ce matin, à six heures, nous prenons place
dans une de ces petites voitures à deux roues
que les Anglais appellent wagonnets, et nous
sortons de Palais par la promenade de la
Saline. La température est délicieuse. Les
derniers nuages s'enfuient au loin, vers l'ouest,

comme de grands oiseaux nocturnes, chassés par le jour naissant.

En route, je questionne un peu notre cocher. Il m'apprend qu'il a quinze ans, qu'il est né « dans le Continent », qu'il est domestique chez un loueur de voitures, lequel lui donne un louis par mois. Ces vingt francs de gage permettent au petit bonhomme de se loger, de se vêtir et de se nourrir. Bien que très intelligent, il n'a jamais été à l'école, ne sait ni lire ni écrire et n'a aucune envie d'en savoir plus long. Il déjeûne d'un morceau de pain sec, dîne d'une panade et soupe d'une bouillie de maïs. Le dimanche, il ajoute à son ordinaire un morceau de lard grillé. En dépit, ou peut-être à cause de ce régime, il a une mine très florissante et l'on voit bien qu'il dit vrai quand il affirme n'avoir jamais été malade.

— Est-ce que ton maître te donne parfois la goutte?

— Oh non! Monsieur. D'abord je n'en voudrais pas... Ça empêche de travailler.

Son patron possède trois chevaux. Celui qui nous emporte à la pointe des Poulains s'appelle Blanchat. C'est le favori de notre bout d'homme.

— Est-ce que tu le bats, quelquefois, ton cheval?

— Oh non! Monsieur... Hue! Blanchat.

C'est extraordinaire, car les Bretons ne sont pas tendres pour leurs braves petits chevaux.

Nous passons devant un bois de sapins et de hêtres, le seul que possède l'île. Planté, vers 1880, par le père du général Trochu, il paraît prospérer. Toutes les autres tentatives de reboisement ont échoué. L'île est bien cultivée. Près de Palais, on trouve des arbres fruitiers, mais seulement dans les endroits très abrités. Quand un Bellilois veut planter un pommier, il faut d'abord qu'il construise un mur pour le défendre contre le vent. Des deux côtés de la route, dans les ondulations du terrain, s'étendent de beaux champs de blé, d'avoine et de maïs; mais le sommet des collinettes de quinze à vingt mètres n'est couvert que de genêts épineux, seule plante qui puisse résister aux épouvantables rafales passant sur l'île pendant la plus grande partie de l'année. Au fur et à mesure que nous avançons, nous découvrons de pauvres petits villages accroupis au bas de quelques dépressions du sol. Pas d'églises, rien à l'horizon, rien, si ce n'est, çà et là, quelques maigres silhouettes de moulins à vent.

Nous arrivons à la pointe des Poulains et la voiture s'arrête derrière un remblai artificiel, destiné à la protéger contre les bourrasques. Nous mettons pied à terre.

Les rochers de la pointe des Poulains forment, dans leur ensemble, un fer à cheval dont l'ouverture est fermée par l'Océan. Du fond de ce fer à cheval, part une petite plage de sable, qui aboutit, vers le centre, à un monticule couronné d'un phare. A marée haute, la plage disparaît et le phare se trouve alors sur un îlot. Ici, la mer n'est jamais tranquille, la navigation est extrêmement périlleuse. L'Océan se rue constamment à l'assaut de ces colosses de granit, qui défient orgueilleusement ses vagues et sont là comme des remparts de l'île et du continent. Dans cette lutte incessante, sans trève, sans relâche, la mer a pour allié le temps. Elle a déjà réussi à isoler quelques-uns de ces géants qui datent des premiers âges du monde et qu'elle attaque maintenant de tous côtés. Nulle part on ne peut mieux se rendre compte du travail de destruction qu'elle accomplit. En général, les rochers les plus exposés ont le sommet en surplomb, affectant ainsi de loin la forme d'une tête de cheval (Penmarc'h) qui s'allonge de plus en plus, jusqu'à ce que l'équilibre se rompe sous l'effort furieux d'un coup de grosse mer. Parfois aussi, l'Océan les a taillés en forme d'arcades, de portiques gigantesques, qui, tôt ou tard, s'écrouleront dans les flots toujours avides. Alexandre Dumas père a placé ici une de ses scènes les plus émouvantes. Réfugié dans une des grottes de Belle-Ile, Porthos ébranle le pilier naturel soutenant la voûte et produit ainsi une catastrophe qui termine le récit de ses aventures.

Cela est profondément vrai, car Porthos n'est en réalité, à ce moment du récit, que la personnification de la mer.

Autour de ces rochers, règnent des courants assez forts, dans lesquels les barques peuvent facilement se laisser prendre. Un accident de ce genre s'est produit, il y a quelques jours à peine, à la pointe des Poulains.

Bousculée par la risée, une chaloupe montée par quatre hommes fut emportée et vint se briser contre la Tête de Chien, tout près du phare ; deux marins se noyèrent.

Nous retrouvons notre wagonnet et notre petit cocher où nous les avons laissés et nous allons visiter la fameuse grotte de l'Apothicaire, située entre la pointe des Poulains et Port-Philippe. Conti prétend qu'un guide est nécessaire ; mais Conti n'est pas l'Evangile et notre scepticisme nous sert à merveille, car nous avons pu passer ainsi, en pleine horreur vivante, une heure délicieusement épouvantable. Pour atteindre l'Apothicairerie, il faut descendre le long de la falaise par un sentier glissant, mais sans aucun danger pour qui n'est pas sujet au vertige, et, en moins de cinq minutes, on arrive à l'entrée de la grotte. C'est ici que Victor Hugo a dû trouver sa chère image du « gouffre d'ombre ». A partir de là, inutile de parler, on ne s'entend plus. Nous continuons à descendre avec précaution, en nous serrant contre la roche humide. Au milieu de la grotte, nous nous arrêtons pour contempler longtemps le spectacle grandiose qui se déroule sous nos yeux. C'est un véritable tunnel que la mer a creusé ici, mais un tunnel haut comme la nef d'une immense cathédrale. Les vagues, entrant de deux côtés opposés, se rejoignent à peu près au milieu de la grotte, bondissent par dessus les rochers, se cherchent, se précipitent avec rage les unes sur les autres, et, dans leur formidable choc, rejaillissent en écume livide à une hauteur prodigieuse, dans un vacarme infernal et dont rien ne peut donner l'idée même approximative. A côté de cela, le Trummelbach est une fontaine d'idylle. Au fond de la grotte, par une ouverture en arcade, nous apercevons à quelque distance, sur un fond de ciel clair, le *Roc-Toul* ou roche percée; l'on dirait d'un titan placé là en sentinelle pour surveiller l'ennemi ou garder un trésor.

En sortant, on se sent heureux de respirer à l'air libre, sous le bleu firmament; mais l'Apothicairerie nous poursuit encore, ainsi qu'une vision de cauchemar.

En traversant l'île, pour nous rendre au phare, nous passons devant deux grands menhirs auxquels, dans le pays, on a donné les noms de Jean et de Jeanne.

Ils sont d'un granit particulier, que l'on ne rencontre nulle part en Belle-Ile. Comment y

ont-ils été transportés? Voilà un mystère qui
n'est pas près d'être éclairci. Serait-ce à
l'époque où Belle-Ile faisait partie du continent? Cette hypothèse, la seule plausible,
recule joliment la date de l'apparition de
l'homme dans ces contrées.

Le grand phare de Belle-Ile est un des
plus beaux de France; la puissante lampe
électrique, à feux tournant de minute en minute, est à quatre-vingt-quatre mètres au-
dessus de la haute mer. Il a une portée
de vingt-sept milles, c'est-à-dire de cinquante kilomètres. A l'intérieur, une plaque
commémorative rappelle qu'il fut construit
en 1835, sous le règne de Louis-Philippe et
pendant le ministère de M. Thiers, par l'ingénieur Potel et les entrepreneurs Faivre et
Trochu.

De là-haut, la vue est admirable sur la
pleine mer. Entre le phare et la pointe des
Poulains, s'étendent deux lieues d'une côte
qui passe pour l'une des plus pittoresques de
l'Europe. Les énormes lames de l'Atlantique
la frappent continuellement comme de mons-
trueux béliers, dans un élan irrésistible, et,
entamant le gneiss et le schiste elles ont creusé
dans ses flancs des fjords qui rappellent ceux
de la Norvège. Les marins ont baptisé ces
parages redoutables du nom de *Mer Sauvage*. A peu de distance, dans l'Est, on aperçoit très distinctement les petites îles de

Houat et de Hoëdic auxquelles M. Elysée
Reclus, l'illustre géographe, a consacré une
page bien intéressante. « Les îles de Hoëdic
et de Houat, dit-il, débris du littoral qui réu-
nissait la péninsule de Quiberon à la pointe
du Croisic, dépendent administrativement
de la commune du Palais. Ce sont les terres
françaises dont la population, d'environ
quatre cents personnes, presque toutes parentes les unes des autres, participe le moins
à la vie moderne. Les produits de la pêche
appartiennent à la communauté tout entière ;
les terres cultivables, évaluées en « sillons »,
sont tellement morcelées, que les soixante-
dix hectares de champ à Hoëdic sont divisés
en trois mille sept cent soixante-cinq par-
celles ; il en est qui ne se composent que
d'un sillon ou même d'un demi-sillon, et tel
de ces lopins appartient à trois familles par
indivis. Mais si la propriété est personnelle,
l'exploitation est en commun : les produits
sont partagés proportionnellement à la part
de chaque associé. L'administration de l'île
est confiée au curé, qui naguère cumulait
encore toutes les fonctions, syndicat des
gens de mer, capitainerie du port, direction
de la poste, notariat, direction de l'enregis-
trement, surveillance des cantines ; un conseil de douze vieillards lui est adjoint, et,
dans certaines occasions d'intérêt local, la
population tout entière est appelée à voter.

La « masse commune », alimentée par des cotisations et des ventes, fait des avances aux pêcheurs au commencement de chaque campagne. »

VII

Auray, 27 août.

Une chose me frappe : Auray est la seule ville bretonne qui n'ait pas de mendiants. J'ai eu beau en chercher, je n'en ai pas trouvé. C'est un miracle, il n'en faut pas douter ; mais à qui le doit-on ?

Auray est une petite ville bâtie sur deux collines entre lesquelles coule le Loch. Ses rues étroites et tortueuses, ses vieilles maisons à pignons, ses halles pittoresques où l'on vend pêle-mêle des choux, des coiffes et des images de piété, ses commères assises devant leurs portes et travaillant à ravauder des bas ou à repriser des surplis, ses églises, ses abbayes, ses religieuses lui donnent un petit air moyenâgeux qu'on ne soupçonne pas lorsque, sortant du train, on suit la belle et très moderne allée de beaux arbres qui la relie à la gare, sur plus d'un kilomètre et demi de distance. Elle est riche en souvenirs et, déjà en 1364, l'histoire la mentionne à propos de la bataille dans laquelle Jean de Monfort aidé par les Anglais, battit Charles de Blois et Du Guesclin. Quatre siècles plus tard, elle acquit encore une lugubre célébrité. Après le désastre de Quiberon, les prisonniers faits par l'armée républicaine y furent amenés et passés par les armes, du 1er au 25 août 1795, dans une prairie appelée aujourd'hui le champ des martyrs. L'hôtel du Pavillon, où nous sommes descendus, servit alors de prison à Sombreuil et à quelques-uns de ses compagnons d'infortune. De nos jours, Auray doit surtout sa réputation à la basilique de Ste-Anne. Nous y allons en voiture. La route est fort agréable, bordée d'arbres et bien entretenue. De même que Lourdes, St-Brieuc et en général tous les pèlerinages, Ste-Anne a eu son miracle.

En 1623, dit la légende, un paysan du nom d'Yves Nicolazic vit tout à coup apparaître Sainte Anne, qui lui ordonna de faire construire en son honneur une chapelle dans un champ appelé le *Bocenno*, où s'en élevait déjà une, près de mille ans auparavant. Pour satisfaire au désir de Sainte Anne, Nicolazic fit appel à l'aide de ses voisins et aux habitants du pays; mais tous, le croyant atteint de folie, refusèrent de l'écouter. Pourtant, en 1625, à la suite de faits miraculeux, Nicolazic ayant découvert à l'endroit désigné, c'est-à-dire dans le Bocenno, une statue en bois à moitié pourrie et défigurée, les offrandes arrivèrent de tous côtés; une église put être élevée et on y plaça la statue sous la garde de religieux de l'ordre des Carmes, auxquels on construisit un couvent. Sainte Anne, femme de Joachim et mère de Marie, jouit en Bretagne de la plus grande vénération depuis la découverte du bon Nicolazic. On sait que le culte de cette sainte est en honneur dans tout l'Orient chrétien. Selon Procope, Justinien lui aurait déjà fait bâtir, au VIme siècle, une église à Constantinople et je me demande si l'on pourrait accuser de paradoxe celui qui affirmerait que les progrès de la dévotion à Sainte-Anne ont marché de pair avec le développement des relations maritimes.

En Orient, la fête de Ste Anne se célèbre le 9 septembre ; en Bretagne, on obéit à la bulle de Grégoire XIII, qui, dès 1584, fixa définitivement cette fête au 26 juillet. Au bout d'une demi-heure, nous passons devant la gare Ste Anne, pour laquelle la compagnie de l'Ouest s'est mise en frais de sculptures, et bientôt, dans le lointain, nous apercevons le clocher de la basilique, surmonté d'une statue dorée qui flamboie au soleil. Devant la grille, notre voiture s'arrête. A peine descendus, nous voilà entourés d'une véritable armée de mendiants de tout sexe, des vieux et des vieilles au chef branlant, des gamins au regard effronté, vrais petits voyous de province, des boiteux, des manchots, des aveugles patentés, toute la lyre miséreuse et loqueteuse

qui transforme l'entrée monumentale de Ste-
Anne en cour des miracles... ratés. S'en débarrasser n'est pas facile; mais, à ce moment,
je comprends pourquoi nous n'avons pas vu
de mendi...ts à Auray, et ce que je prenais
là-bas pour un miracle m'apparaît ici comme
une chose très naturelle.

Une fois la grille franchie, nous nous
croyons en sûreté. Vain espoir, comme disent
les romanciers. Si la grille est aux mendiants,
la cour appartient aux marchands du temple
et nous n'avons pas fait un pas que, de partout, nous sommes interpellés, conjurés, admo-
nestés, bénis sur tous les tons par la gent
mercantile alignée de chaque côté de la cour.
On vend là des statuettes, des photographies,
des images coloriées, des chapelets, des crucifix, des médailles, des chaînes de montres,
des colliers, des bracelets, des broches; un
vrai bazar parisien, dont Ste Anne fait les
frais. Et il faut entendre le boniment!

— Par ici, ma chère dame, une statue en
or de Ste Anne!

— Hé! ma petite dame, achetez-moi une
médaille bretonne en argent de cinq sous!

— Hé! Monsieur, un petit souvenir de Ste-
Anne, cela vous portera bonheur!

— Allons, prenez-moi ce joli porte-monnaie
à fermoir en or de Ste Anne... C'est le seul
moyen d'avoir toujours de l'argent dans sa
poche!

J'avoue que je me méfie de l'or de Ste Anne et de l'argent de cinq sous, et, cependant, sans savoir comment cela se fait, j'arrive à l'église les poches bourrées de chapelets, de médailles et de statuettes. J'ai même un scapulaire et je constate que je suis enrôlé dans la confrérie de Ste Anne, fondée par Anne d'Autriche, s'il vous plaît. C'est bien ici la terre des prodiges.

Une remarque. J'avais acheté, douze sous, une Ste Anne de porcelaine à une petite marchande qui disait n'avoir rien vendu de la journée. Pour la payer, je sors un billet de cent francs. Dès qu'elle voit le papier, la petite marchande ouvre sa cassette. en tire quatre beaux louis à l'effigie de la République, puis une pièce de dix francs en or, et me compte le reste en argent et en menue monnaie, avec la désinvolture et la promptitude d'un caissier de chez Rothschild; et comme je lui dis en riant qu'elle m'a attrapé tout à l'heure, quand elle m'a fait croire que j'étais son premier client, elle se met à rire aussi.

— Ah ben! vous savez, Monsieur, si nous ne disions rien, on ne nous achèterait pas grand'chose.

La basilique, reconstruite de 1866 à 1873, dans le style de la Renaissance, est dominée par une haute tour et une flèche supportant la statue dorée de la sainte. A l'intérieur, les murs sont garnis d'ex-voto de tous genres et de toutes dimensions.

Nous nous amusons à en copier quelques-uns.

Voici d'abord une affreuse croûte, représentant un brave homme qu'un chien féroce est en train de dévorer. Il invoque Ste Anne, qui apparait. Au dessous, cette légende : Guillaume Gélin, mordu d'un chien enragé, se voue à Ste Anne et obtient parfaite guérison en 1851. Plus loin, une petite plaque de marbre blanc sur laquelle je lis :

« Deuxième armée de la Loire. Armée de Bretagne. Reconnaissance à Ste Anne, qui les a gardés, 1871. »

Un autre ex-voto montre un gentilhomme agenouillé dans l'ancienne basilique, pendant qu'un prêtre officie à l'hôtel. Ce tableau porte la mention suivante: Par ordre de leurs Majestés, M. Dulion-Louet, enseigne des gardes, vient à Ste-Anne faire célébrer la messe pour obtenir un Dauphin.

Les zouaves pontificaux ont offert à l'église une statue colossale de St-Pierre, que l'on voit en entrant dans le bas de la nef. A l'exception de quelques beaux reliefs de Falguière, l'intérieur de l'église est assez insignifiant. Quant au trésor, intéressant à visiter, disent les guides, il ne contient guère que des reliques de Ste Anne et de St Joachim, une vieille soutane de Pie IX, un morceau de la vraie croix, l'épée offerte à Charrette par les dames bretonnes et celle que le général de

Cissey avait fait vœu de rapporter à Ste Anne,
si elle n'était pas prise par les Prussiens,
enfin, des croix et des décorations offertes à
la mère de la Vierge et une mozette donnée à
l'église par je ne sais quel pape. Pour être
admis à contempler ces belles choses, il faut
payer cinquante centimes par personne. C'est
tout de même un peu cher.

En sortant de là, nous allons à la *Scala
Sancta*. La cour qui s'étend devant l'église
peut bien contenir quinze mille personnes. A
l'autre extrémité de cette einceinte se trouve
un petit édifice, en forme de chapelle ouverte,
avec, au premier étage, un autel auquel on
accède par un double perron très élevé dont
les marches sont en granit. De grandes indulgences étant accordées à qui les franchit à
genoux, on y rencontre presque toujours quelqu'un en train de faire la pieuse ascension.
C'est la *Scala Sancta*. Le vingt-six juillet,
on y a célébré une messe en plein air à laquelle, nous dit-on, assistaient plus de vingt
mille personnes.

Nous traversons le champ de l'Epine, au
milieu duquel un jeune prêtre, flanqué de
deux bonnes vieilles bretonnes, fait la dînette
sur l'herbe. Il est en appétit et il attaque
vigoureusement une pièce de petit salé posée
devant lui sur un journal. De temps en temps, -
il s'arrête pour boire un coup de cidre et s'es-
suyer ensuite les lèvres du revers de la main.

d'un air de gourmandise satisfaite. Et les deux bonnes vieilles, ses parentes sans doute, le regardent avec admiration, souriantes dans leurs grandes coiffes blanches, et c'est à qui lui coupera du pain, lui remplira son verre.

De là, visite à la fontaine miraculeuse, où nous retrouvons une colonie de mendiants, dont nous ne parvenons à nous débarasser qu'à l'aide du cocher et d'une distribution de sous. Avant de nous rendre au Champ des Martyrs, nous donnons un coup d'œil au village. Depuis quelques années, ce coin de terre s'est complètement transformé. Il y a loin de la bourgade où se pressent aujourd'hui les foules au pauvre hameau que formaient, au commencement du XVIIe siècle, les quelques chaumières disséminées au bord des champs et des landes. Sous l'action du ciel, le désert a véritablement fleuri, comme dit M. Max Nicol, auteur d'une pieuse brochure dans laquelle les miracles de Ste-Anne d'Auray sont fidèlement énumérés.

A quelque distance du village, le Comité légitimiste du Morbihan a élevé un monument au comte de Chambord. Le noble prétendant, coulé en bronze, est assis sur un socle élevé, tandis qu'à ses pieds on voit, sur des piédestaux isolés, Ste Geneviève, Bayard, Du Guesclin et Jeanne d'Arc, cette dernière portant l'écu de France.

De Ste-Anne au Champ des Martyrs, la route est fort agréable. Après avoir traversé un petit bois de pins, nous entrons dans un pittoresque vallon, parsemé de blocs de granit, et qui me rappelle beaucoup certaines parties du Jura. Puis, le paysage, d'abord frais et gracieux, change d'aspect, les collines s'écartent pour faire place au marais de Kerso, que nous longeons pendant quelque temps. A un coude de la route, la voiture s'arrête. Devant nous s'allonge une belle allée de pins, que nous suivons à pied et qui, en cinq minutes, nous conduit au Champ des Martyrs. C'est un vaste enclos, au fond duquel se dresse une petite chapelle en forme de temple grec. Il est entouré d'une haie et d'une rangée de magnifiques cyprès. C'est là qu'au mois d'août 1795 neuf-cent-cinquante-deux prisonniers de Quiberon furent passés par les armes. Ils étaient conduits vingt par vingt devant une fosse creusée d'avance et à laquelle on leur ordonnait de faire face, puis fusillés, à bout portant, par les soldats placés derrière eux.

Malgré la surveillance sévère exercée autour du champ de carnage, quelques-uns, malheureusement en bien petit nombre, parvinrent à s'échapper en traversant les paluds, qui sont guéables quand la mer est basse. Les femmes d'Auray, qui avaient visité les prisonniers dans leurs geôles, allaient courageu-

sement, au moment des exécutions, s'établir
dans les bois de Kerso avec des vêtements
préparés pour faciliter la fuite de ceux qui
parvenaient à s'échapper.

Ces massacres se prolongèrent pendant
trois semaines.

Avec ses grands cyprès qui l'entourent
comme d'un crêpe de deuil, sa petite chapelle silencieuse, son invalide qui, à la grille,
vous adresse sa requête à voix basse, sa
solitude un peu farouche et tous les souvenirs qui le hantent, le Champ des Martyrs
a quelque chose de lugubre, de tragique et
de solennel qui impressionne douloureuse-
ment.

Les fautes politiques — et les fusillades
d'Auray furent de ce nombre — se payent tôt
ou tard. On ne peut s'empêcher de songer
qu'après s'être montrée impitoyable pour les
chefs, sur qui tombe toute la responsabilité
de la folle aventure, la Révolution eût gagné
à se montrer clémente pour les petits. Les
royalistes bretons entretiennent aujourd'hui
avec le plus grand soin tout ce qui rappelle
les sanglantes journées de 1795. Il y aurait
peut-être mieux à faire, en Bretagne; mais,
enfin, ils font usage d'un droit qu'on ne saurait leur contester. D'un autre côté, la Révolution française a pour elle le mot de Balzac:
Pour autoriser les grandes fautes, il ne manque
pas de grands exemples.

En quittant le Champ des Martyrs, nous allons sonner à la Chartreuse d'Auray. Une sœur vient ouvrir. Sans même s'informer de ce que nous désirons, elle prend une clef et se dirige vers une chapelle adossée au mur de l'église. C'est la chapelle sépulcrale où sont conservés les restes des victimes de Quiberon. Exhumés en 1814, ces ossements furent d'abord placés dans un des caveaux de la Chartreuse, puis transférés ici avant la chute de la monarchie légitime. L'intérieur est tout en marbre blanc et noir; la voûte, parsemée de fleurs de lis, est ornée de l'écusson royal. Au centre s'élève un mausolée de marbre blanc, couvert de magnifiques reliefs représentant divers épisodes de la lutte.

On y pénètre par une porte de bronze, à même du stylobate, et l'on se trouve dans une petite pièce carrée, où quatre personnes peuvent se tenir à l'aise. Une lanterne, qu'un contre-poids permet de mouvoir, est fixée au plafond. La sœur l'allume et la fait ensuite descendre lentement dans un caveau dont l'orifice occupe le milieu du sol. En se penchant sur le bord, on voit alors, à la clarté blafarde du falot, un amoncellement de crânes et de tibias, tandis que, d'une voix blanche, d'une voix banale de cicerone rompue au métier, la religieuse débite son boniment.

L'avouerai-je? l'impression produite ici par cette mise en scène d'un goût très douteux ne rappelle aucunement celle du Champ des Martyrs. Si j'étais Français et royaliste, je pétitionnerais pour qu'on replaçât ces ossements là où ils étaient avant 1814 et qu'on mît ainsi fin à une exhibition digne tout au plus du génie inventif de Barnum.

Brignogan, 29 août.

J'ai revu Quimper avec plaisir; et, après y avoir passé une bonne journée à courir les rues, à entrer dans les boutiques où l'on vend de curieuses faïences, à nous promener sous les halles parmi la foule multicolore des gens de Quimperlé, de Rosborden et de Pont-L'Abbé, nous nous retrouvons à Landerneau. Ici, un problème se pose. Comment se transporte-t-on de Landerneau à Lesneven ?

— Monsieur, explique complaisamment un employé de la gare, vous pouvez aller à Lesneven de plusieurs façons : à pied, à cheval, en vélocipède, en carriole ou par le courrier. Ce dernier moyen de locomotion est le meilleur; je vous le recommande.

— Mais ce courrier de Lesneven, où est-il ?

L'employé se retourne majestueusement, et, étendant le bras :

— C'est ça, monsieur.

A la vue de « ça », une joie ineffable nous pénètre. Figurez-vous... Non, ne vous figurez pas. Pour comprendre ces choses-là, pour s'en faire une idée, il faut les avoir vues, tou-

chées, palpées, il faut avoir vécu avec elles
pendant quelque temps, et encore n'est-on
pas bien sûr, quand on les a quittées, de pouvoir les décrire exactement. « Ça » ressemble
à une de ces bizarres constructions du moyen
âge, hérissées de pignons, de balcons, d'er-
kers et de tout ce que l'encorbellement pouvait suggérer à un artiste capricieux. Rond
par devant, carré par derrière, avec des ren-
flements sur les côtés, avec une bâche posée
à la manière des coiffes pont-l'abbistes, « ça »
est sur deux ou trois roues et attelé de deux
tout petits chevaux. Pour y entrer, il faut
des indications précises. — Une à droite, deux
à gauche ! Deuxième escalier, la porte en
face !

Un vrai labyrinthe de banquettes, de compartiments, de minuscules escaliers tournants...
Des trous pour mettre les jambes, des niches
pour mettre les bras et des boîtes pour le
reste. Vous voyez « ça » d'ici, n'est-ce pas ?
C'est en bois, en cuir, en toile, en drap de
diverses couleurs, en fer, en cuivre, en verre...
Surtout en verre, hélas !

Hissé dans cette chose innommable, je lève
les bras au ciel pour le prendre à témoin de
mon infortune, et aussitôt un vacarme ef-
froyable se produit. Miséricorde ! J'ai cassé
le courrier de Lesneven.

Le patron arrive, puis le valet d'écurie, le
maître d'hôtel, les badauds, la police, les gen-

darmes, bref, tout Landerneau. Ces braves
gens entourent « ça », le regardent avec des
hochements de tête significatifs, grimpent
sur les roues, s'accrochent aux aspérités du
monstre, rampent sur la bâche et constatent
qu'une des vitres de l'avant-toit est brisée. Je
voudrais bien être... ailleurs; mais pas moyen
de sortir des petites boîtes dans lesquelles
je suis emprisonné. Pas plus que le barathre
des Athéniens, le courrier ne rend ses victimes: *Voi ch'entrate...* vous savez le reste.

La constatation faite, tout le monde se
consulte, et, après un palabre interminable,
le patron s'avance vers moi, le sourire aux
lèvres:

— Vous n'êtes pas habitué aux voitures du
pays, monsieur?

Une voiture!... C'est une voiture!... Je fais
de la tête signe que non et j'achève la vitre,
causant ainsi, sans le vouloir, un bruit énorme dans Landerneau.

— C'est vingt sous, monsieur, dit miellen-
sement le patron, toujous souriant.

Vingt sous, c'est pour rien. Je paye ma
gloire, le cocher fouette ses chevaux et nous
partons.

La patache fait grand vacarme et suit la
route en courant des bordées. Cahin-caha,
nous arrivons à Lesneven. Ici, le « courrier »
devient « correspondance ». Après bien des
efforts, je parviens à sortir à peu près com-

plet de mes divers compartiments. Il s'agit maintenant de la trouver, cette fameuse « correspondance ». Pour le quart d'heure, elle se compose d'un jeune Breton nommé Louis, qui a les mains dans les poches, un béret sur le nez et une blouse très ample que le vent ballonne par derrière.

— C'est vous, la correspondance de Brignogan ?

— Oui.

— Et vous avez une voiture ?

— Oui.

— Et nous allons bientôt partir ?

— Oui, bientôt.

Voilà qui est parfait. En attendant, nous flânons par les rues de Lesneven, malgré la pluie qui commence à tomber. Un baptême traverse la place de l'église. En tête, la sage-femme en cornette blanche porte le bébé. A côté d'elle, un beau gars de vingt-cinq ans, le père sans doute, et, derrière eux, le parrain et la marraine, deux bons vieux qui trottinent sous un immense parapluie vert.

Nous les suivons jusque sous le porche, et puis nous allons voir si la « correspondance » est là. Le brave Louis, attablé devant un litre, nous explique tranquillement que ça ne tardera pas et qu'en une heure, dare dare, nous arriverons à Brignogan. Quand le litre n'est plus qu'à l'état de souvenir, l'excellent Louis nous mène voir la

« correspondance ». C'est une carriole, formée de la caisse traditionnelle et des deux grandes coquines de roues déjà décrites. Comme elle est attelée, Louis procède au chargement. Il opère avec méthode. C'est d'abord un petit baril de vin calé tant bien que mal sous la banquette, puis une grande lithographie encadrée — Ste Anne instruisant la sainte Vierge — que le prudent Louis introduit entre la banquette et le fond de la caisse, de manière à former dossier, puis les deux voyageurs que la Providence accorde à l'administration postale de Lesneven et qui font des efforts désespérés pour maintenir ladite banquette en équilibre et ne pas mettre Ste Anne en pièces. Sur les genoux, on nous a posé un panier de salade et un de poissons. Fouette, cocher ! Au fur et à mesure que nous passons devant les maisons de Lesneven, des commères en sortent, apportant qui des gigots, qui des paquets de sucre, qui des corbeilles de légumes, de sorte qu'en quittant la ville nous sommes derrière une pyramide de provisions, qui fait plus d'honneur à la fertilité du sol qu'à la sollicitude des postes françaises pour les touristes égarés en Bretagne.

Néanmoins, c'est très pittoresque. Louis, n'ayant pas la moindre notion des lois de l'équilibre, a entassé tout cela pêle-mêle ; aussi une catastrophe se produit-elle au bout de cinq minutes et nous disparaissons sous une avalanche de choux, de carottes, de morceaux de sucre et de poissons frais. Pour compliquer encore cette situation, la pluie tombe. Je me débats comme un beau diable et Louis nous repêche au fond de la caisse, non sans beaucoup de peine. Ce fut la Saint Barthélemy des salades. Nous prenons le parti de rire de la mésaventure, attendu que c'est toujours ce qu'il y a de mieux à faire en pareille occasion.

En route, Louis s'endort et le cheval, qui connaît son affaire, en profite pour aller au pas. Cela nous permet de regarder le paysage.

Une bergère, conduisant son troupeau, traverse la route. Grande, maigre, la jupe descendant à peine aux genoux, les jambes nues, elle a l'air d'une apparition du douzième siècle, avec sa large cornette noire encadrant une figure osseuse aux traits énergiques, aux yeux très noirs et très brillants enfoncés dans leurs orbites, une tête de camée, tout à fait remarquable. Elle est de pure race bretonne. Quand nous passons, elle nous jette un regard farouche et poursuit son chemin sans se retourner une seule fois. Quel âge peut-elle bien avoir, cette étrange fille des landes ? Louis, qui vient de se réveiller, ne sait pas. Vingt ans, peut-être, ou trente... On dit déjà qu'elle a le mauvais œil.

29 août.

Ce matin, promenade du côté de Plou-néour-Trez. Bully, que nous avons retrouvé sain et gaillardet, gambade joyeusement autour de nous et nous conte ses prouesses. Du haut d'un rocher, il a soutenu un siège en règle contre toute la marmaille des environs. S'il faut s'en rapporter à lui, la défense de Sébastopol n'était qu'un jeu auprès de la sienne.

C'est dimanche. Les gens se rendent à l'église. Voici une toute petite fille, très sérieuse dans sa longue robe noire et sous sa cornette bleue. Elle tient à la main un parapluie vert, plus gros qu'elle, et marche gravement comme une *mamm-goz* (*), le châle correctement croisé sous la bavette du tablier ; puis, ce sont des vieilles qui s'en vont, trottinant, le parapluie sous le bras, et des vieux dans leurs braies du dimanche.

Avons-nous la berlue ?... Mais non, c'est bien cela. Ils portent encore la cadenette. Pour le coup, nous nous frottons les yeux. Il n'y a pas d'erreur, comme disait la télégraphiste de Quiberon. Voilà pourtant ce que c'est que d'ignorer le chemin de fer, la protographie et l'opéra par téléphone. Cette protestation capillaire contre le goût du siècle vaut tout un long poème... Les riflards ont

(*) Grand'mère.

ici des formes et des couleurs extraordinaires.

Même date.

Ce Brignogan, que l'administration française a oublié de mentionner dans l'Indicateur général, a quelque chose d'un paysage
lunaire, l'apparence d'un morceau de planète
morte accroché par hasard au flanc du globe ;
sur une vaste plage de sable fin, d'énormes
blocs de granit, dont beaucoup ont la dimen-
sion de la Pierre à Bot, sont jetés pêle-mêle,
formant çà et là comme des tas de pierres
géantes que les Titans auraient préparés pour
bombarder l'Olympe.

Ces blocs affectent les formes les plus
bizarres : l'un représente une tête de cheval,
l'autre une tête de crocodile ; celui-ci rappelle
une tortue, celui-là un sphinx.

Entre ces amoncellements gigantesques, on
circule à l'aise sur le sable très uni, mais à la
marée haute, la plupart deviennent des îlots
autour desquels la mer déferle à grand fracas.

Cet après-midi, allant nous baigner et passant au pied d'un de ces blocs creusés en
cavernes, nous apercevons, à une dizaine de
mètres au-dessus de nos têtes, toute la population d'un hameau voisin, hommes, femmes
et enfants, bayant aux corneilles, les regards
tournés vers l'Océan. Du haut de ce belvédère naturel, une femme nous interpelle et

nous nous arrêtons pour faire un bout de causette.

— Comment s'appelle ce rocher, madame ?

— Roch Castel, monsieur. Elle prononce Ronch Chastel, en donnant au *ch* un son guttural qu'envierait un Oberlandais de Brienz ou d'Iseltwald. Je répète sans trop de difficulté, et tout aussitôt la femme :

— Ah ! vous êtes du pays, vous. Je vois bien que vous n'êtes pas un Parisien, parce que vous pouvez dire Ronch comme il faut.

Je réponds que je viens de Suisse, et comme la bonne femme paraît ne pas comprendre, son mari, qui, jusque-là, n'avait rien dit, lui explique que cela doit être là-bas, très loin, du côté opposé à la mer. Maintenant, c'est lui qui nous adresse la parole.

— Est-ce que les affaires vont bien, en Suisse ?

— Mais, comme cela, pas trop mal.

— Ah ! ici, ça ne va pas. Il n'y a plus d'argent dans le pays. Si nous en avions encore, nous bâtirions des maisons pour faire venir les étrangers. Mais quoi ! le commerce ne va plus... On ne fait plus de commerce.

Le commerce, à Brignogan ? Oui, il y en avait autrefois, en effet. Un bien singulier commerce. Comme aujourd'hui, les gens se réunissaient sur le Roch Castel et épiaient les navires en mer. Le soir, ils attachaient des torches allumées aux cornes de leurs bœufs et lâchaient ceux-ci à travers les rochers. Trompés par ces lumières qu'ils prenaient pour des signaux, les bâtiments allaient de confiance se briser sur le Roch Castel et devenaient ainsi la proie facile des naufrageurs. C'était le bon temps et le commerce était florissant. Combien de fortunes, sur ces côtes, n'ont pas d'autre origine !

VIII

Brest, 31 août.

Je ne saurais recommander de voyager à pied en Bretagne. L'histoire du provincial qui n'avait pu voir Paris parce que les maisons lui cachaient la ville, est assez naturelle à Roscoff ou à Quimper, à condition de substituer aux rangées de maisons les talus fleuris ou les haies qui bordent ici tous les chemins. Pour voir le pays, il ne reste au piéton que la ressource d'escalader le talus ou de grimper au sommet d'un arbre, comme feu le Petit Poucet.

Pourtant, nous venons de franchir à pied les trente-huit kilomètres qui séparent Brignogan de Brest, et je garderai longtemps, de cette course brusquement décidée, le souvenir le plus agréable. Partis le matin de bonne heure, nous marchons allègrement, et, en deux heures, nous atteignons Lesneven. De là, laissant Goulven à gauche, nous nous dirigeons sur le Folgoët. Sous un ciel gris s'étendent à perte de vue des prairies où paissent des troupeaux de vaches, et, de temps à autre, apparaissent des bouquets de pins, de hêtres, la maigre silhouette d'un calvaire ou d'une flèche élancée. Parfois, au bord de la route, un petit balai, fait de branches de pommier, suspendu au-dessus d'une porte ou d'une fenêtre, indique au voyageur altéré qu'on vend là du cidre. Quand le balai possède encore des feuilles, le cidre est frais, et je ne sais rien au monde de plus rafraîchissant que cette boisson.

Le Folgoët ne compte guère qu'un millier d'habitants, ce qui ne l'empêche pas d'être réputé dans tout le Finistère. Inutile de dire pourquoi. En Bretagne, quand une bourgade quelconque est célèbre, c'est qu'elle a un saint ou une source, et, par conséquent, un pèlerinage. Folgoët, qui, en bas-breton, signifie le fou des bois, a l'inestimable avantage de pouvoir offrir l'un et l'autre à la curiosité des touristes. Pour me servir des termes mêmes de la légende, le saint était un idiot vivant au commencement du quatorzième siècle dans une forêt des environs de Lesneven. Il se nommait Salaün. « Il allait, dit un de ses panégyristes, tous les jours mendier son pauvre pain par la ville de Lesneven ou ès environs, n'importunant personne aux portes que de deux ou trois petits mots, car il disait *Ave*

Maria, et puis, en son langage breton, *Salaun a zébré bara* (Salomon mangerait du pain). »

Après avoir longtemps mené cette existence, il mourut et fut enterré près de la source où il avait coutume de se désaltérer Déjà on ne parlait plus de lui, dit le panégyriste, lorsque « Dieu fit naistre sur sa fosse un lys blanc, beau par excellence, lequel répandoit de toutes parts une fort agréable odeur; et, ce qui est plus admirable, c'est que dans les feuilles de ce lys étoient écrites en caractères d'or ces paroles : *Ave-Maria !* »

On creusa la terre et l'on vit que le lys prenait racine dans la bouche même de Salaun. Le miracle fit du bruit. Grâce à de puissantes protections, on ne tarda pas à construire à cet endroit une église qui est elle-même un miracle d'architecture et de sculpture. Au dire des connaisseurs, c'est le plus beau monument de toute la Bretagne, et je les crois sans peine. La façade est flanquée de deux tours reliées par une galerie. L'église a trois portails monumentaux, dont l'un, le portique des Apôtres, sculpté avec une incroyable profusion de détails, est un véritable chef-d'œuvre de délicatesse et de bon goût. Le granit a été fouillé comme si c'était de l'ivoire ou un métal précieux. Autour de la porte intérieure, court une guirlande de vigne d'un naturel parfait. A droite, au pied du cep, un tout petit moine est assis, les mains croisées sur sa bedaine, la tête renversée dans une attitude béate et souriante ; à gauche, c'est un chien, mordillant un raisin. Et tout cela est taillé dans un granit très dur, que plus de quatre siècles n'ont pu encore entamer. On dirait vraiment que l'artiste vient de poser son ciseau. A l'intérieur, le jubé, unique en son genre, nous arrête longtemps par la grâce et la richesse de son ornementation. Malheureusement, pendant la tourmente révolutionnaire, le marteau des démolisseurs a endommagé quelques-unes de ces merveilles.

La source miraculeuse se trouve sous le maître-autel. Elle alimente, au dehors, une fontaine adossée au mur terminal. Quand nous sortons de l'église, deux vaches s'y abreuvent sous la surveillance d'un paysan. Les bêtes parties, une femme plonge une écuelle dans le bassin et nous l'apporte en nous vantant les vertus de cette eau, riche... en indulgences. Comme la foi nous manque totalement, nous déclinons cette offre bienveillante, et, moyennant deux sous, la Bretonne boit pour nous, ce qui nous procure à chacun une remise de cent jours de purgatoire. Ce n'aurait pas été la peine de s'en priver.

Nous nous remettons en route, après avoir étanché notre soif chez un boulanger qui

vend des chapelets, des médailles et de la
petite bière. Le norrois se lève et souffle vigoureusement. A tout moment, nous croisons
des paysans qui se rendent à la foire aux
chevaux. Et, dans la soirée, vers ! cinq
heures, nous faisons enfin notre ei 'ée à
Brest par la rue de Paris, une rue interminable, où, blancs de poussière et couverts de
sueur, nous traînons un peu la jambe en nous
demandant à quoi diable peuvent servir les
faubourgs.

Brest, 1er septembre.

La ville a bien la physionomie décrite par
Pierre Loti. Je renvoie donc à l'auteur de
Mon Frère Yves ceux qui désirent s'en faire
une idée exacte. Non seulement il la met, vivante, sous les yeux du lecteur, mais encore
il en donne l'impression intense, une impression que l'on retrouve immédiatement dès
qu'on fait un pas dans la rue de Siam. Brest
ne m'a point surpris. J'y ai eu tout de suite
la sensation de choses déjà vues, déjà vécues,
et, par conséquent, très familières. Ces petits
soldats d'infanterie de marine, en extase devant la vitrine d'un magasin, ces jeunes matelots, très fiers dans leurs grands cols bleus
et qui marchent avec ce dandinement particulier des gens de mer, en regardant les pas-
sants de leurs bons yeux doux et naïfs, où il
y a toujours de l'étonnement et une pointe
de mélancolie, ces vieilles, qui, dans leurs

châles, s'en vont furtivement le long des
maisons noires par les étroites rues des quartiers pauvres, ces odeurs de moisissure et
d'humidité, ces averses qui tombent continuellement sur cette cité de granit, qui viennent on ne sait d'où et s'en vont on ne sait
comment, cette rade, une des plus belles du
monde, avec ses grands vaisseaux-écoles, ses
formidables batteries, ses chantiers, ses ar-
senaux et ses bassins, cette mer toujours agitée, — tout cela vous apparaît comme d'anciennes connaissances ; on n'y arrive pas, on
y revient.

Notre première visite a été pour le port.
Le norrois soufflait comme s'il eût voulu démolir la ville. J'avais vraiment quelque peine
à me tenir debout, et, à plus d'une reprise, j'ai
constaté que si les voyages forment les voyageurs, ils déforment surtout les chapeaux.
Un vieux marin, à qui nous demandons s'il
est possible de faire un tour en mer, nous
donne cette réponse :

— Ah ben ! non, par exemple... Tenez, j'ai
là une bonne barque de vingt-et-un pieds de
long... Avec ça, on ne risque rien ; mais je
ne voudrais pas vous prendre, parce que,
voyez-vous, vous seriez tous noyés « jusqu'aux os ».

La perspective d'être « noyés » à ce point
ne nous souriant guère non plus, force est de
nous contenter du spectacle que nous avons

sous les yeux sans y prendre une part active.

Un matelot nous engage à visiter l'arsenal et à solliciter pour cela une permission. Nous nous rendons à la *Majorité*. Après avoir fait antichambre pendant une demi-heure, un garde de service nous introduit. Nous présentons nos cartes, des lettres établissant notre identité. Peine inutile, l'officier exige la présentation d'une carte d'électeur. M. de C. expose qu'il est Danois, mais qu'il habite Paris depuis fort longtemps et qu'il travaille à l'Institut Pasteur; moi, je tâche de faire comprendre que je suis Bernois, c'est-à-dire Suisse... C'est comme si nous chantions *Femme sensible* à l'oreille d'un sourd.

— Avez-vous votre carte d'électeur, oui ou non?

Devant cet entêtement, je prends le parti de raisonner.

— Mon lieutenant, voulez-vous me permettre de vous poser une question à mon tour?

— Très volontiers, monsieur.

— Un étranger peut-il visiter l'arsenal?

— Mais certainement, monsieur, il le peut.

— Alors, que doit-il faire pour obtenir la permission?

— J'ai déjà eu l'honneur de vous le dire, monsieur. Etablissez d'abord votre identité et je vous accorderai avec plaisir, ainsi qu'à ces dames, l'autorisation demandée.

J'exhibe mes lettres, mon agenda, mes cartes de visite, une pièce officielle émanant d'une Société française, ma canne même, où mon nom s'étale en toutes lettres sur une petite plaque.

— Je vous crois, monsieur, mais il me faut une carte d'électeur.

— Une carte d'électeur français?

— Oui, monsieur.

— Mais, mon lieutenant, je suis Bernois, et, par conséquent, je ne puis avoir une carte d'électeur français. Aucun étranger n'a donc le droit de visiter l'arsenal?

— C'est une erreur, monsieur. Il me faut une carte d'électeur, voilà tout. C'est ma consigne. Croyez à tous mes regrets.

Nous saluons et nous nous retirons. Il est évident que nous sommes fortement soupçonnés d'espionnage pour le compte de la marine suisse.

Même date.

Pour nous dédommager de cet échec, nous allons à Ste-Anne, jolie chapelle située dans un site romantique, à une heure et demie de la ville. En passant par la Recouvrance, nous comprenons pourquoi l'ivrognerie est le péché mignon des habitants de ce quartier. Il est rare d'y trouver une maison qui n'ait un débit de boisson... Ste-Anne est un lieu de pèlerinage pour les marins. En rentrant, ce soir, par la route de la Corniche, nous avons pu contempler à notre aise cette majestueuse rade de Brest, sans rivale en Europe.

Plougastel, 2 septembre.

Vivent les ciceronè qui ne savent pas leur métier ! M. de C., qui nous a consciencieusement perdus, sous le fallacieux prétexte de nous faire voir le Calvaire de Plougastel, s'est acquis des droits à une reconnaissance éternelle. S'égarer en Bretagne, quelle bonne fortune !

C'est que nous avons failli passer la nuit à la belle étoile, et si nous sommes maintenant attablés dans une petite pièce basse, à l'étage supérieur d'un débit de boissons qui est une boucherie où l'on vend du pain et des sabots, ce n'est vraiment pas de sa faute, à cet excellent docteur. Béni soit le ciel qui lui a envoyé l'inspiration de prendre à droite quand il aurait fallu prendre à gauche !

Partis de Brest peu après midi, nous descendons à la station de Kerhuon, et, sous la responsabilité de M. de C., guide improvisé, qui se fait fort de nous conduire au Calvaire en moins de quarante minutes, nous allons à la découverte. Le territoire de la commune de Plougastel, découpé en une foule de petites anses formées par la mer, occupe toute la pointe de terre qui sépare la rade de Brest, au nord, de l'embouchure de la rivière de Daoulas, au sud. Nous traversons d'abord, sur une barque à moitié pourrie, faisant eau de toutes parts, un bras de mer assez large, et nous suivons une belle route, qui, selon le docteur, doit être la bonne, puisqu'il n'y en a pas d'autre. Ici, une ravissante contrée, les riants horizons de la côte méridionale, des vergers, des villages coquettement enfouis dans la verdure, tout un paysage idyllique baigné de lumière ; là, au milieu d'un terrain inculte, des rochers aux formes étranges, brisés, fendus verticalement, avec des crêtes découpées en fines aiguilles, comme des Alpes en miniature, couverts de mousse, de fougère aux couleurs tendres et de bruyère.

— Plougastel est là derrière, dit triomphalement M. de C. en indiquant les rochers que nous ne nous lassons pas d'admirer. En dix minutes nous y serons, et j'aurai l'honneur de vous expliquer le Calvaire.

Puis, prenant tout à coup la voix monotone d'un guide en train de débiter son affaire à des touristes de hasard :

— Mesdames et Monsieur, le curieux Calvaire que renferme le cimetière mérite surtout d'attirer l'attention. Ce monument, le plus considérable de ce genre qui soit en Bretagne, a été érigé de 1602 à 1604, à l'occasion d'une peste qui sévit en 1598 Il se compose d'un massif carré flanqué aux angles de contreforts percés d'arcades, avec pilastres et entablement d'ordre toscan. La

frise, Mesdames et Monsieur, est ornée d'une
multitude de bas-reliefs représentant la vie
de Jésus-Christ. On y remarquera la *Fuite
en Egypte* et le *Lavement des pieds*. Le
grand drame de la *Passion* se déroule ensuite en une véritable armée d'acteurs rangés sur le pourtour de la plate-forme. Le
nombre de ces statuettes taillées sans art,
mais avec une verve digne de Callot, dépasse
deux cents. Parmi les différents groupes...

Nous couvrons d'applaudissements la fin
de ce discours et, toute fière de l'effet produit, la Faculté se remet en marche suivie du
petit groupe de ses fervents. Cependant, au
bout d'une demi-heure, n'apercevant toujours
pas Plougastel et son Calvaire, nous tenons
conseil et décidons, sur la proposition de
notre aimable cicerone, de prendre à droite
un sentier dans les rochers.

Quelques pas difficiles, d'abord ; puis, tout
à coup, nous voilà sur une lande couverte
de genêts fleuris. Plus loin, le sentier s'engage sous des prunelliers chargés de fruits
mûrs à portée de la main. C'est le moment
ou jamais de goûter aux produits du crû et,
choisissant chacun notre arbre, nous nous
mettons à piller le bien d'autrui, sans la
moindre vergogne, comme des collégiens en
vacances. Dieu ! qu'elles sont succulentes,
les prunelles bretonnes ! Nous les croquons
avec de délicieux remords, en nous disant

qu'après tout c'est le sentier qui a commencé.

Et comme nous sommes en pleine occupation délictueuse, le jappement furieux d'un petit chien nous oblige à tourner la tête. A quelques pas, un paysan rit silencieusement et nous regarde d'un air légèrement narquois.

— Bigre, nous sommes pincés, murmure le docteur. Je crois que ça va se gâter.

Mais pas du tout. Le brave homme salue et se retire discrètement, suivi de son caniche.

Tout en mangeant des prunelles, nous poursuivons notre chemin. Les arbres, de plus en plus serrés, forment une forêt. La promenade devient tout à fait charmante. Bientôt, nous atteignons une clairière jonchée de branches de pin sous lesquelles notre sentier se dérobe malicieusement. A quelque distance, adossée à la futaie, une chaumière moussue avec deux toutes petites fenêtres qui semblent deux yeux noirs braqués sur nous. Devant la porte, une fillette nous regarde aussi.

— Est-ce par ici, Plougastel ?

— Non, par là.

Du geste, elle nous indique un autre sentier que nous n'avions pas remarqué. Encore des prunelliers. Nous les mettons à contribution, puisque c'est décidément permis. Le jour commence à baisser.

Soudain, une joyeuse exclamation. C'est le docteur, qui, parti en avant, s'est arrêté et nous fait signe d'avancer. Nous hâtons le pas, et, tout de suite, nous comprenons.

Nous nous trouvons, en effet, à l'entrée du chemin creux si souvent décrit par Pierre Loti, une sente herbeuse entre deux talus très rapprochés avec un dôme de branches vertes. Les talus sont couverts de fougères et nous entrons là dedans comme en un tunnel de verdure.

Maintenant, c'est très sombre; nous allons presque à l'aveuglette, en nous tenant par la main; mais pas moyen de se perdre. Peu à peu, nous nous accoutumons à cette obscurité, et nous distinguons les troncs noueux des chênes nains bordant la crête des talus. De temps à autre, le soleil couchant lance quelques-unes de ses flèches d'or à travers le feuillage, illuminant ainsi cette jolie prison verte d'où nous voudrions ne plus sortir. A la pensée que notre vœu se réalisera peut-être, nous sommes pris d'une gaîté folle. Quelqu'un fait la proposition de passer la nuit. Certainement, Plougastel doit être très loin, puisque le village n'est qu'à cinquante minutes de Kerhuon, et que nous errons depuis plus de quatre heures. On consulte la Faculté, qui, d'un ton doctoral et sans la moindre hésitation, déclare que la chose est faisable, attendu qu'en voyage et à cette saison, il est possible de dormir partout, pourvu qu'on ait du chocolat et une brosse à dent.

Nous avons du chocolat et des brosses à dent ; mais le sentier s'arrête court et nous faisons comme lui. Voyons, allons-nous camper à la façon des vanniers de Rüschegg ? La Faculté grimpe au sommet du talus.

— Découvrez-vous quelque chose ?

La Faculté lève les bras au ciel. Non, vraiment, elle ne découvre rien ; mais nous entendons vibrer une cloche dans le lointain, et, d'un commun accord, nous décidons que ce doit être l'Angelus de Plougastel. En un clin d'œil, nous rejoignons le docteur et nous interrogeons l'horizon. A nous quatre, nous finissons par apercevoir un peu de fumée, là, tout près. Allons de ce côté ! Et nous voilà, courant à travers la lande tapissée de genêts, sautant des murs, forçant des haies, traversant des carrés de choux, et, dans le vague du crépuscule, une demi-douzaine de chaumières ne tardent pas à se montrer.

Des femmes apparaissent sur le seuil de leur porte, des marmots nous suivent, une vieille s'avance vers nous dans sa grande cornette blanche et nous lui demandons si nous pouvons passer la nuit au village. Ah ! oui, nous trouverons tout ce qu'il faut, excepté des lits. Mais il y a quelqu'un qui loue des voitures, et nous pourrons aller à Lan-

derneau ou à Brest. La bonne vieille donne
tous ces détails en trottinant à côté de nous.
Nous entrerons au bourg, chez Mme Salaun
ou chez le boucher Raould, et, pendant que
nous y casserons une croûte, la complaisante
Bretonne ira dire au loueur qu'il ait à nous
prendre vers dix heures, avec une carriole,
pour nous conduire à Landerneau.

Pendant ce temps, tout un rassemblement
s'est formé. Les hommes, les femmes et les
enfants nous contemplent d'un air étonné.
Qu'est-ce que nous pouvons bien nous promener ici à pareille heure? Enfin, la vieille
nous quitte et les curieux se dispersent. Quand
nous sommes sur le chemin du bourg, la nuit
est tout à fait venue, une belle nuit bleue,
profonde et douce, avec une grande lune
pâle qui nous regarde, ébahie, elle aussi.

Très pittoresque, notre entrée à Plougastel, à cette heure tardive. Par les étroites
rues pavées, le long desquelles s'alignent des
maisons de poupées, serrées les unes contre
les autres, nous nous faisons à nous-mêmes
l'effet de revenants, de loups-garous qui
viennent troubler le repos de braves gens, et
c'est presque à voix basse que nous prions un
garçonnet, rôdant encore, de nous indiquer
la demeure de Mme Salaun. Parbleu! nous y
sommes. C'est là, devant nous, une maison-
nette à un seul étage, avec cette enseigne
au-dessus de la porte:

Mme SALAUN, PATISSIÉRE,
vend à boire et à manger.

Oh ! la belle cuisine que celle de Mme Salaun ! La belle cuisine, avec son âtre où flambe un grand feu dont les rougeurs d'incendie se reflètent dans les casseroles de cuivre accrochées aux murs, dans les faïences et les étains qui garnissent le dressoir de vieux chêne ; la belle cuisine, avec sa longue table de sapin, son banc et ses chaises accueillantes, et son gros chat, pelotonné près du foyer, surveillant attentivement une marmite où bout quelque chose qui sent très bon ! Nous voyons tout cela de la rue, par la porte ouverte, car le docteur seul est entré. Une jeune femme est debout, effarée, au milieu de la pièce : ce Parisien, là, devant elle, et ses trois complices qui font le guet au dehors ne lui reviennent pas.

— Non, monsieur, je vous jure qu'il n'y a rien, ni viande, ni fromage... *(Avec angoisse):* Je vous jure qu'il n'y a pas de fromage !.. Du pain ?... Oui. Des œufs ? peut-être... Mais c'est trop tard. Il est huit heures, et, vous comprenez, à huit heures on ferme.

M. de C. ne se tient pas pour battu, et je vois bien que cette idée d'être pris pour un chef de bande l'amuse énormément.

— Eh ! eh ! Qu'est-ce que vous cuisez là, dans cette marmite ?

Pour le coup, la jeune femme perd la tête. Elle joint les mains, et, d'un ton suppliant :

— Mon bon monsieur, ce n'est que de l'eau, rien que de l'eau !.. Mon Dieu ! qu'est-ce que vous voulez que je vous dise, moi ?... Ma mère n'est pas là. Ce n'est que de l'eau... Ste Anne, ayez pitié !...

Le docteur se tourne vers nous, et, pouvant à peine résister au fou rire qui le gagne :

— En attendant, si nous allions voir le Calvaire ?

— Oui, oui, c'est cela, dit la pauvre femme encore toute tremblante, allez voir le Calvaire.

Le chat se retourne sur sa pierre et s'étale confortablement d'un air qui veut dire aussi : Oui, oui, c'est cela, allez-vous en donc voir le Calvaire.

C'est au centre du village, près de l'église, sur une place publique et non dans un cimetière. A la clarté de la lune, nous distinguons très bien quelques-uns des groupes principaux : l'Enfer, sous la forme d'un monstre dans la gueule duquel des démons précipitent une femme ; Jésus portant sa croix, précédé d'une troupe de Juifs en costume breton, avec le biniou et le tambourin ; l'Entrée de Jésus à Jérusalem, la Résurrection, la Cène et d'autres encore. Ces statuettes naïves sont de demi-grandeur naturelle ; assurément, le pittoresque ne leur fait pas défaut.

Quand la curiosité est satisfaite, nous partons à la recherche de l'établissement Raould. On nous y reçoit à bras ouverts; l'hôtesse met sur pied tout un bataillon de filles et de garçons pour nous préparer et nous servir un bon petit souper composé d'œufs à la coque, de pommes de terre frites, de pain et de beurre. C'est tout ce qu'il y avait dans la boucherie; et je vous réponds que jamais nous ne fîmes meilleure chère.

Le repas terminé, nous nous accoudons à la fenêtre, en attendant notre voiture. Il est près de dix heures.

En bas, dans la rue, passent des hommes vêtus de lévites blanches à parement rouges et coiffés d'un bonnet de même couleur. Que peuvent-ils bien faire dans cet accoutrement bizarre ?

— Ça, dit Mme Raould qui entre en ce moment, ce sont les dîmeurs, qui reviennent de leur tournée.

Et comme nous ne comprenons pas :

— Eh, oui ! dit-elle, les dîmeurs, ceux qui prélèvent la dîme... La dîme pour les pauvres... Après la récolte, chacun doit donner un certain nombre de gerbes, de mesures de pommes de terre, de choux, de carottes, de fruits... C'est pour nourrir les pauvres en hiver, parce qu'on ne tolère pas de mendiants ici.

Landerneau, 3 septembre.

En carriole, à onze heures du soir, de Plougastel à Landerneau, la nuit était d'une incomparable beauté, lumineuse et tiède. Nous suivions une des rives de l'Elorn, et chaque fois que nous nous retournions, la ville de Brest nous apparaissait magique dans le lointain, avec ses mille petites lumières tremblotantes et les deux grands phares du Goulet.

A peine avions-nous quitté Plougastel que la banquette sur laquelle nous étions assis, M. de C. et moi, s'est effondrée, de sorte qu'à une heure du matin nous avons fait notre entrée dans Landerneau, couchés au fond de la carriole, les jambes en l'air, au grand effarement des têtes coiffées de bonnets de nuit qui se montraient aux fenêtres, attirées par le vacarme de notre burlesque équipage.

C'est fini, la Bretagne. Dans une heure, l'express de Paris nous emportera. Je le dis en toute sincérité, c'est à regret que je quitte la vieille Armorique.

IX

Berne, 8 septembre.

Je me suis arrêté un jour à Chartres pour visiter la cathédrale et la belle collection des émaux de St-Aignan, dont la réputation n'est

incontestablement pas surfaite. L'hôtel du
Duc de Chartres, où nous avions passé la nuit,
est très bien tenu, comme tous ceux qui sont
recommandés par Cook. On s'est beaucoup
moqué des *Cook's Tickets.* On a représenté
le touriste muni de ces billets comme une
sorte de mouton voyageur. Certes, il y a quelque chose à dire. Rien de plus amusant que
de voir autour d'une table de salle à manger
quarante ou cinquante *Cook's Tickets* jouer
silencieusement des mâchoires. Bien qu'ils
portent tous la même étiquette, ils ne se con-
naissent pas entre eux, ne se saluent pas, et
toute leur conversation se réduit à des *thank
you* ou des *I beg your pardon,* lorsqu'ils se
passent la moutarde ou se touchent involon-
tairement du coude. Le soir, après dîner, on
les voit encore dans les drawing-rooms lire
le *Times* en se tournant le dos. Cependant,
si les *Cook's tickets* ont beaucoup de travers,
s'ils sont irrésistiblement comiques, il est une
qualité qu'on ne saurait leur refuser et qui
rachète tout. Le Cook's ticket est honnête
homme et jamais aucune police n'a eu à s'oc-
cuper de lui. Ceci peut paraître exagéré et
pourtant ce n'est que l'exacte vérité.

Au fond, Cook a rendu un très grand service aux voyageurs de tous les pays. Depuis
son utile invention, le touriste peut trouver
en France, en Italie, en Espagne, des nappes
sans taches, des lits sans carnassiers, et, à ce

titre, Cook a des droits à être considéré comme le bienfaiteur de l'humanité voyageante. Il a fait plus encore en forçant les hôteliers à modérer leurs notes.

De Chartres à Paris, nous traversons les plaines de la Beauce. Quelle richesse !

Nous sommes entrés dans un compartiment de deuxième classe. J'ai pour vis-à-vis un monsieur mis avec élégance, qui se nettoie les ongles avec son billet de chemin de fer. A côté de moi sont assis deux Français du pays, deux gentilshommes campagnards en veston de chasse. Ils ont l'air très bien. Il y a encore un commis-voyageur, tout de noir habillé, en chapeau haute forme et en cravate blanche, maculée de suie et de graisse. C'est un hâbleur émérite. Il parle haut, avec suffisance, et débite des sottises avec un aplomb et une volubilité extraordinaires. Il s'adresse à tout le monde, aux deux gentils-hommes campagnards, au monsieur qui se nettoie les ongles, à moi, et le train n'est pas en marche que nous savons déjà qu'il voyage pour une grande maison de Nantes, qu'il « fait » la France et la Belgique, qu'il n'aime que Paris, qu'il a connu personnellement Boulanger, qu'il écrit dans le *Gil Blas*, et mille autres détails de ce genre. Il est absolument insupportable.

— Oui, messieurs, je voyage en seconde classe parce qu'il faut avant tout que j'arrive vite. Vous comprenez, dans les affaires, il faut arriver vite, et ce n'est pas un louis de plus par jour qui peut effrayer ma maison...

Puis, passant subitement à autre chose :

— Tenez, nos compagnies sont ridicules... Elles ont réduit le tarif des troisièmes classes, mais elles n'ont rien fait pour les deuxièmes et les premières... C'est dégoûtant! et si nous n'avions pas un gouvernement de pantins, un gouvernement de jouisseurs .. Des crétins, quoi!... Il y a longtemps qu'on aurait dû changer tout cela... Eh bien! puisque le gouvernement ne fait rien, on se rattrape en trichant...

— Oh! oh! fait un des deux gentlemen, comment cela?

— Comment cela? comment cela? crie le commis-voyageur, mais c'est très facile... Une supposition... Je veux aller de Nantes à Paris... Eh bien! je prends un billet pour Tours. Une fois à Tours, je ne descends pas et je file sur Paris... C'est pas plus malin que ça!

— Mais c'est une carotte!

— Une carotte! une carotte!... Mais non... Arrivé à Paris, *j'ai dit* au contrôleur que j'avais changé d'itinéraire en route... Vous comprenez, je n'étais pas forcé de lui apprendre que je venais de Tours... Prouvez-moi que je viens de Tours... Est-ce logique, ça, hein?

— C'est une carotte! c'est une carotte!

— Mais, puisque je vous dis que cela se pratique tous les jours... Vingt fois par jour...

L'entrée du train en gare arrête les confidences de ce monsieur.

A Paris, je passe ma soirée à l'Opéra-Comique et j'y entends Sanderson dans *Manon*; la délicieuse musique de Massenet me repose des fatigues du voyage. Le lendemain, je vais aux *Français* admirer Coquelin cadet et Laugier dans le *Malade imaginaire*, Lambert fils et Emilie Leroux dans *Britannicus*. Leroux est très bien dans la grande scène du quatrième acte, où Agrippine apprend à Néron ce qu'elle a fait pour lui; si elle n'est pas toujours une grande tragédienne, elle a de très beaux moments :

Approchez-vous, Néron, et prenez votre place...

Je suis retourné aux *Français* pour *Le Fruit défendu*, de Camille Doucet, et *Les trois sultanes*, de Favart.

Hélas! les vers de M. Doucet paraîtraient plus à leur avantage dans des papillottes que sur la première scène de France. Il faut tout le talent des acteurs, et surtout celui de Coquelin, pour faire, non pas accepter, mais supporter ce rien mal rimé. *Les trois sultanes*, de Favart, ne valent guère mieux. Quelques jolis mots légèrement scabreux, deux ou trois couplets gentiment enlevés, un soupçon de ballet, et puis c'est tout. Roxelane, voulant sauver ce qu'elle appelle l'honneur du corps, a eu beaucoup de succès quand elle a lancé son apostrophe à l'eunuque : « Ce... prétendu monsieur », etc. Le rôle de Roxelane était tenu par Mlle Ludwig, celui de Soliman par Lambert fils...

Quelques heures plus tard, me voilà roulant à toute vapeur vers la Suisse. La compagnie de l'Est peut être citée en exemple à toutes celles de la France pour la propreté et le confort de ses wagons, la parfaite régularité de son service, les manières obligeantes de ses employés.

A Delle, je serre la main en passant à d'excellents amis, et, tandis que la locomotive m'entraîne à travers les vallées de mon beau Jura, noyées dans un crépuscule d'automne, je songe avec mélancolie aux jours ensoleillés de St-Malo, de Roscoff et de St-Pol-de-Léon, à cette mer de Bretagne si bleue, si belle, à ces landes d'une tristesse si douce, à ce sentier de Plougastel si vert et si frais, à toutes ces choses qui sont là-bas et qui resteront dans mon souvenir, parfumées de bruyères roses et de genêts d'or.